基礎から学ぶ
プロモーションプランニング

編著 小塩 稲之／大山 充

日本販売促進協会
MMPコミュニケーション

はじめに

　この書籍はマーケティングにおけるプロモーション（販売促進）を担当する「プロモーションプランナー」を育成することを目標とするものです。

　プロモーションという分野は、企業活動のひとつである販売促進として単に、その専門業務のみの知識や技術だけで成り立つものではなく、深く企業経営や様々な事業活動全般に関わるものです。この本ではプロモーションを学問のひとつとしてとらえています。

　この「プロモーション学」とは、商品やサービスを売れるようにするための具体的な戦略と戦術プランを立てて実行する学びです。戦略とは「商・販・販促・マネジメント」4つの戦略です。これは「商品・開発」、「販売・営業」、「販促・広報」、「マネジメントマーケティング」の4つです。

　その1つ目の戦略は、「商品・開発戦略」つまり、モノやサービスの改良開発とマーチャンダイジング戦略です。2つ目は「販売・営業戦略」つまり、「店頭などでの販売戦略」と「外回り営業、外商などの営業戦略」です。3つ目は「販促・広報戦略」で、販促戦略は特に広義の幅広いセールスプロモーション戦略であり、ＩＲ、ＰＲなどを主軸にした広報戦略も含みます。最後の4つ目は「マネジメントマーケティング」であり、これは経営よりもマーケティングが先行するという考え方の戦略です。

　実際、「プロモーションプランナー」という仕事は、マーケティングの知識やメディアの選定眼など、時代の流行をおさえた豊富な知識が必要とされます。プロモーションに関して企画から運営、効果測定まで全般に関わるため、4大戦略を中心に販売促進広報を深耕するといったようにそのスキルアップが必要です。

　従って、テキストの内容は販売促進のみではなく、基礎となるマーケティングから商品開発、経営まで幅広いものとなっています。

　企業、団体など組織が行うマーケティング活動は、常に「市場の視点」が重要です。マーケティングとは、「顧客・ユーザーとのコミュニケーション

（情報の提供と収集）を通じて、購買およびリピート（再購入）を促す」活動を言います。

　商品が売れる仕組みをどのようにつくるかを考える際には、消費者や顧客の購買心理・行動について調査・情報収集・分析し、事業を進めていく必要があります。言い換えれば、企業の活動は、わたしたちの生活や人間の心理に密接に結びついており、身近なものであるといえます。

　本書籍では、マーケティングの視点から、消費者・顧客との様々なコミュニケーションの手法（市場調査・分析など）を解説しています。これを基礎として、プロモーションにおける「ものの見方、捉え方、考え方」を学んでいただきたいと思います。

　最後に、本書の出版にあたり、ご尽力をいただいた総合ユニコムの「レジャー産業」、インタークロス・コミュニケーションズの「イベントレポート」、執筆のご助言をいただいた各地域の協会研修センター所長、スタッフ一同に深く感謝する次第です。

小塩　稲之

目　次

I　マーケティング基礎編

序章　マーケティングとは

1．マーケティングとは

　マーケティング（marketing）は、企業が行う『顧客が真に求める商品・サービスをつくり、届ける活動』全体を表す概念であり、市場創造のための一連の総合的活動である。

　マーケティングの定義は時代とともに変化しているが、企業が行う顧客・ユーザーとのコミュニケーション（情報の提供と収集）を通じて購買およびリピート（再購入）を促す活動と言える。

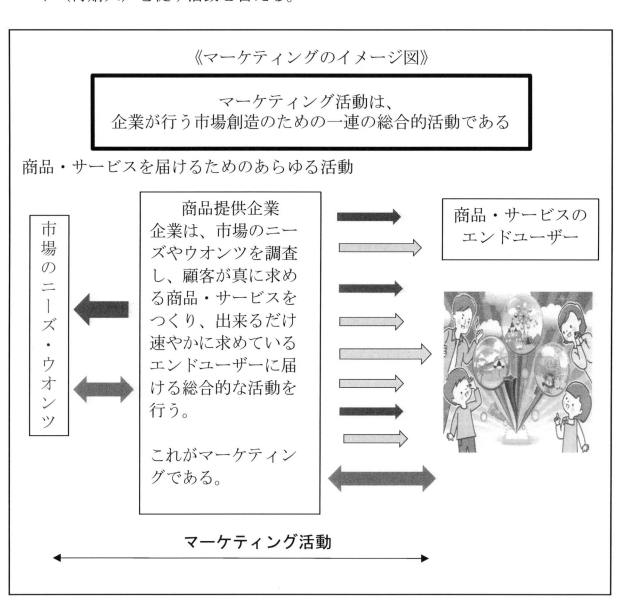

《マーケティングのイメージ図》

マーケティング活動は、
企業が行う市場創造のための一連の総合的活動である

商品・サービスを届けるためのあらゆる活動

市場のニーズ・ウオンツ

商品提供企業
企業は、市場のニーズやウオンツを調査し、顧客が真に求める商品・サービスをつくり、出来るだけ速やかに求めているエンドユーザーに届ける総合的な活動を行う。

これがマーケティングである。

商品・サービスのエンドユーザー

マーケティング活動

《マーケティングを考えるヒント》

（マーケティングのたとえ話）

１．ドリル（工具）を買いにくるお客さんが欲しいのは、「ドリル」でなく、彼らが必要としているのは「穴をあけられるもの」であるというのがある。

２．レブロン（化粧品会社）の創業者チャールズ・レブロンの言葉

　「工場では化粧品を作る。店舗では『希望』を売る」といわれている。

　女性は化粧品を使うが、『モノ』を買うのではない。

　美しくありたいという『希望』　を買っているのである。

　コンパクトの中の物質だけではなく、贅を尽くした容器や幻想を誘う広告によって、女性に『満足』を与えることを価値としているからである。

> 顧客志向マーケティングとは
> 「顧客のベネフィットは何か？」を中心に考えていくことが重要
> （＊ベネフィット：便利であったり、効用があること）

2．マーケティングは心理学

　マーケティングで重要な点は、「商品が売れる仕組みをどのようにつくるか」である。

　個別商品・チャネルから入ると、マーケティングというのは専門的なプロの領域だとの誤った認識を与えている側面がある。しかし、実際は、「マーケティングは心理学」であり、顧客・ユーザーの購買心理・行動を理論的に整理・データ化したもので、生活に身近な分野である。

　では、ここで身近な例から事例問題により、このようなところにもマーケティングがあることをご紹介したい。

（事例問題）

【事例１】

　お店の店長から、「１枚だけなら、好きなところにポスターを貼ってもいいよ！」と言われた。あなたなら、どこに貼るか？

【事例２】

　スーパー店内に１８０ｃｍ棚がある。あなたなら、自社商品をどこに陳列するか？

【事例３】

　飲料の自販機に同じ商品が２個並んでいる。この２個並んだ同じ商品のうち、左右どちらの商品がよく売れると思うか？

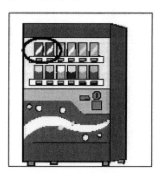

【事例４】

棚に同じ商品が横に２列並んでいる。列を増やした場合、売れ行きは変化するか？

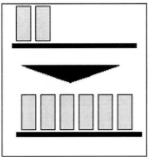

（解答）

【事例１】：ポイント「目の高さ」

　正解：Ｂ

　退店したお客様に、店内で掲示されているポスターと同じものを見てもらい、「確かに見た」との回答は、腰から目の高さに張った場合には他の位置に張った場合の約３倍である。店頭マーケティング知識を活かすと１枚のポスターでも３倍の効果を上げることができる。

【事例２】：ポイント「手に取りやすい位置」

　正解：Ｂ

　女性にとって、商品が最も見やすく・取りやすい位置は、床から６０～１２５㎝といわれており、この位置に置くと良く売れることから「ゴールデンライン」といわれる。

【事例３】：ポイント「右側優位値の原則」

　正解：右

　棚上で隣接している同一商品の場合、左より右のものが 1.5～2.0 倍の確率で選択される。これは、①左手に買い物かごを持ち、右手で商品を取る、②横書き文を見慣れているため、視線が左から右に移動して停止することによる。

　マーケティング用語では、右側優位置の原則という。

【事例4】：ポイント「フェース数が多いと安心」
　正解：変化する

　正面から陳列棚を見た場合、1個だけ見える場合1フェース、2個見えるときは2フェースという。一般的にフェースが増えるほど販売数が増加し、減るほど販売数が減少する。これはフェースが多くなるほど売場で目立つとともに「多く並んでいるのは、売れている証拠」との印象をもち"安心して購入"するとの消費者心理が影響している。

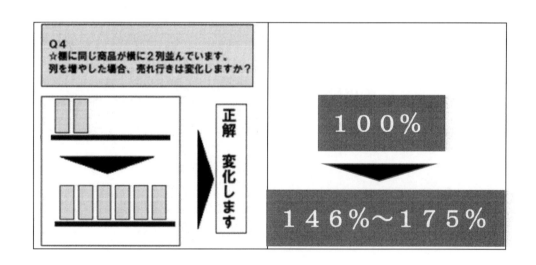

3．マーケティングとセリングの違い

「売れる」と「売りつける」とは、反対の意味を持つ言葉である。

　消費者が商品を見て、自然に欲しい、買わずにはいられないという状態を総合的に作り出すのが「マーケティング」である。

　一方で、（見た時点では欲しいとは思わなかった商品を、）営業員・販売員のセールス技術で販売することを「セリング」という。

第1章　マーケティングの基礎

1．「モノづくり」と「コトづくり」

　「モノ」と「コト」を、分かりやすく言うと、「モノ」は形のあるもののことで「有形商品」、「コト」は、形のないものことで「無形商品」を言う。

　（事例）ある地方の楽器製造「モノづくりの会社」があった。その楽器はなかなか売れなかった。その頃は個人所有が少なかったため、大抵の人が、その楽器の使い方を知らなかったからである。そこで、楽器メーカは、街中で「音楽教室」を開いた。すると、急速にその楽器が普及し、その後、徐々に家で楽器を演奏する習慣が浸透していった。

　これは音楽教室という「コトづくり」が成功した事例である。
　「コトづくり」とは新しい価値を創造する「仕組み」づくりであり、「モノ」の形ではなく、その機能や役割を、社会に役立つ「新しい価値を生み出す仕組みや仕掛け」として創ることである。

2．商品の分類

　商品には、手にとって見えるものと、手にとって見ることが出来ないものがある。それらは、一般に有形財と無形財に区分されている。

《有形財と無形財の分類》

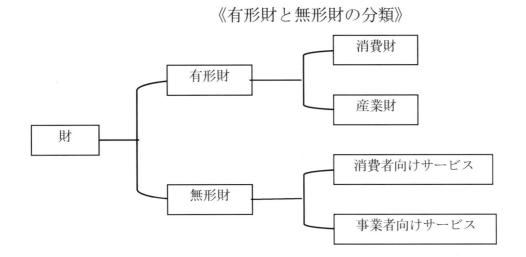

（1）有形財

手に取って見えるもの。

・消費財の分類

　消費者の購買特性の違いによって、「最寄品」、「買回品」、「専門品」に分類される。

①最寄品

　他の商品と比較対照せずに手近な店舗で時間をかけずに買い求める性質の商品。（例：雑誌、日用品）

②買回品

　商品の品質、価格などに比較的時間をかける消費財。

　（例：紳士服、家電）

③専門品

　高額で買回り品より購買頻度が低く、品質、デザイン、性能などの比較に充分な時間をかける消費財。

　（例：自動車、高級家具）

・産業財

　設備、備品、原材料、部品・半製品、消耗品に分類される。

（2）無形財

手に取ってみることができないもの。無形財商品、サービス。

旅行、チケットなど、サービス：アフターサービスなどがある。

《無形財の特徴》

非有形性	目で見たり触ったりできない。
不可分性	提供する人が必ずその場にいなければならない。（生産と消費の同時性）
非貯蓄性	在庫することができない。
非均一性	同じ条件で享受できるとは限らない、誰がそれを提供するか、サービスの質が異なる可能性が大きい。

《サービス業の分類》

分類	主　な　業　種
消費者向けサービス	家事代行、余暇・レクリエーション・教養・娯楽、金融・保険・不動産
事業所向けサービス	人材派遣、警備・設備メンテナンス、調査・コンサルティング、情報処理・通信、輸送・保管、金融・経理・税務

（3）消費の類型

商品には、有形財と無形財という分類があることは先述のとおりであるが、それぞれを消費していく方法は近年大きく変化したことも確認する必要がある。インターネットの普及によって電子商取引マーケットが従来の物消費に加えて出現し、今や当たり前の消費形態となりつつある。

《時間消費型商品》

「MD（商品）から見たマーケット」

従来の物消費＝最寄商品、買い回り商品で区分

最寄品型	●非耐久商材 ●低単価	～即時購入～ ●近くの店で購入＝すぐ買えるモノ
買回品型	●耐久商材 ●高単価	～比較購入～ ●選んで購入＝出かけていって、じっくり時間をかけて購入
電子商取引では	●商品特性で区分⇒ネットしやすい商品かどうかが基準 価格比較が、簡単に即時にできることが特徴	

「電子商取引マーケット」

電商型消費＝有形か無形か、どうかがポイント

有形型	●物消費 ●物理的に、配送が必要 ●衣食住などに関わる物
無形型	●コト消費 消費形態＝発信はデジタルで、消費は現場で ●形のない商品 ●物ではないサービス商品 ●乗り物、宿泊予約、チケット予約
電子商取引型	消費形態＝発信はデジタルで、消費もデジタルで ●時間型商品 ●金融商品 ●デジタル配送商品 　商品：音楽、映像、出版物、パソコンソフト、株取引

3．マーケティングプロセス

マーケティング戦略の立案から実行までの流れは次のとおりである。

- ・①マーケティング環境分析
- ・②セグメンテーション（市場の細分化）
- ・③ターゲティング（市場の絞り込み）
- ・④ポジショニング
- ・⑤マーケティング・ミックス（4P）による分析と戦略立案
- ・⑥マーケティング戦略の実行と検証

（1）マーケティング環境分析
　「マーケティング環境」とは、マーケティング戦略を取り巻く企業内外のさまざまな環境の総称である。

　経済社会の流れが変われば、マーケティング環境も変化する。マーケティング環境は常に変化すると言える。企業は、環境の変化を素早く見極め対応する必要がある。例えば、インターネットの発達により、消費者の行動パターンは大きく変化しており、定期的で柔軟な対応が求められている。

<<企業内外の環境分析>>

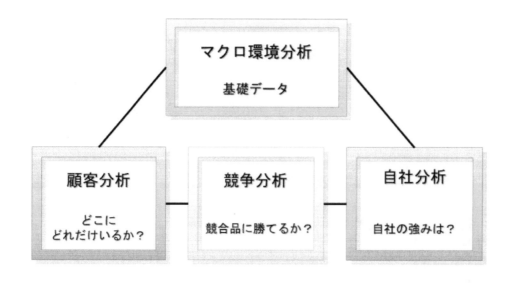

企業内外の環境分析のポイントは以下のとおりである。

①マクロ環境分析の対象

企業活動に影響を与えそうな項目をピックアップする。

・経済状況…景気悪化、円高

・政治状況…法律改正、消費税、外圧

・社会状況…高齢化社会、格差社会、雇用問題、食の安全、ライフスタイル

・自然環境状況…食糧危機、エコ、技術革新、新型インフルエンザ、災害

②常に商品開発の意識を持つこと

・マクロ環境からの方が消費者ニーズがよく見える

③標的市場は徹底的に分析する

・「ヒト」、「モノ」、「バ」の３視点から

・ヒト…どんな人たちが、どんな理由で買うのか

・モノ…どんな食生活をしているのか

・バ…どこで買っているのか

「ヒト」知りたい項目

・年令構成〜特に高齢者層

・単身世帯割合

・○○県出身者の多く住む地域は？

・安全・安心に対する意識レベル

・食料品購入のポイントは

「モノ」知りたい項目

・味覚の嗜好差

・外食の利用状況

・中食の利用状況

・手づくり率

・メニュー頻度

「バ」知りたい項目

・デパ地下、エキナカの利用状況

・ネット販売の利用状況

・小商圏化とは

・デパートでの食品の購入頻度

・高級食品スーパーに対する意識調査

・高齢者は買い物をどうしている

④自社商品の強みは

・競合分析で自社を知る

⑤競合分析ではどんなデータが必要か

・競合企業を具体的に設定する

・商品の動向…新商品の発売動向、技術動向

・ジャンル別メーカー別シェア、売上…エリア別シェアおよびチャネル別シェアの分析もポイントとなる

・販売戦略…特長のある売り方、販売促進策

<<外部環境分析>>

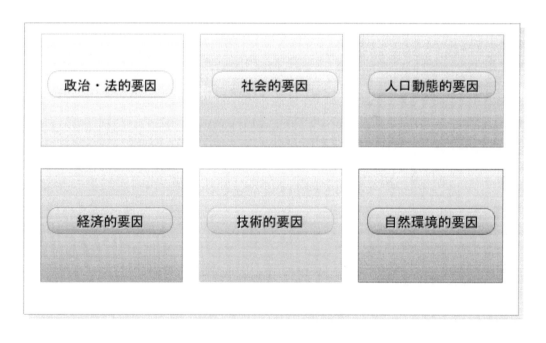

<<参考>>マーケティング環境分析の例

<<外部環境分析>>

外部環境分析

マクロ環境分析の要因

政治・法的要因
- 産業界への法的規制
- 産業界への政府助成
- 市場に対する政府の
  介入度・消費税・外圧

社会的要因
- 宗教、道徳観
- 文化価値観
- 少子高齢化
- 格差社会

人口動態的要因
- 人口規模
- 世代別人口
- 地域別人口、人口密度
- 世帯数、世帯別人数

経済的要因
- GNP、GDP
- 為替、金利水準
- 所得分布
- １００年に一度の不況

技術的要因
- 最新技術
- 技術特許
- 技術開発予算

自然環境的要因
- 国や地域の自然環境
- 環境問題
- 環境保護上の規制
- エコロジー・食糧危機

（2）セグメンテーション（市場の細分化）

　ニーズの多様化により、マス・マーケットの規模で市場のすべてを満足させることができなくなってきている。そこで、市場を細分化して、それぞれの特徴を把握する必要が出てきた。

（市場細分化の切り口）

・地理的変数　（気候、人口密度、地方など）

・人口統計的変数（年令、性別、所得、学歴）

・サイコグラフィック変数（個人の人格的特徴、

　　　性格的特性、知能、気質などの観点）

・行動上の変数　（ベネフィット、使用機会など）

©JSP

（セグメント・マーケティング）
市場を複数のセグメントに分けて捉え、それぞれのセグメントに適した商品やサービスを提供する。

<<セグメント・マーケティング>>

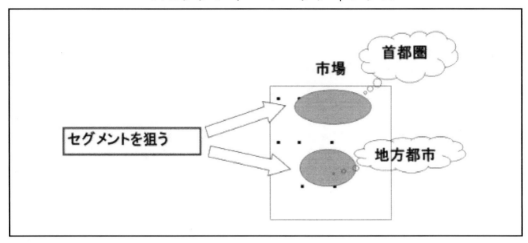

（3）ターゲティング
　ターゲティングとは、細分化した市場の中から標的市場を確定し、商品を買って欲しい具体的な顧客を決めることである。
　標的市場に対するマーケティングには、次の3つがある。
　①無差別型マーケティング
　②差別型マーケティング
　③集中型マーケティング

①無差別型マーケティング
　セグメントの違いを無視して、共通の商品やサービスを提供する。
　製品ラインが少ないため、研究開発、製造、在庫管理、輸送、広告などのコストが抑えられ、低価格での販売が可能になる。
②差別型マーケティング
　それぞれのセグメントに対して異なる製品やサービスを提供する。
　一般に無差別型マーケティングに比べ、売上もコストも増える。セグメントを細分化しすぎないように注意することが必要。

<<差別型マーケティング>>

例：自動車メーカーの差別化マーケティング
セグメント別に、車幅と販売地の道路事情に合う異なる製品を提供する。

③集中型マーケティング

　一つもしくは少数のセグメントに経営資源（技術資源など）を集中する。

　集中化することにより、セグメントのニーズに関する豊富な知識を獲得し、市場における強力な存在感を発揮する。

≪集中型マーケティング≫

例：自動車メーカーの集中型マーケティング

A社は軽自動車というセグメントに集中して、経済的に余裕のない若年層や、

余裕のある層のセカンド・サードカーのマーケットに特化

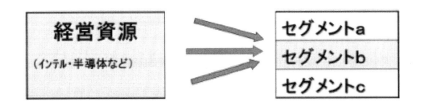

（４）ポジショニング

　ポジショニングとは、見込み客に商品やブランドのイメージをどのように位置づけるかということである。顧客に明確で簡潔な理由を提示することが目的である。

　（例）ボルボ「最も安全な車」、ポルシェ「世界最高の小型スポーツカー」というポジショニングをしている。

（５）３Ｃ分析とＳＷＯＴ分析

≪３Ｃ分析とＳＷＯＴ分析から基本戦略へ≫

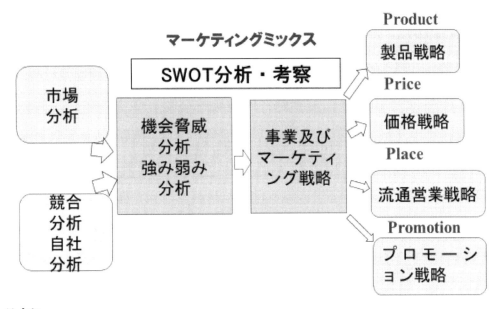

（３Ｃ分析）

３Ｃ分析は、市場における３つの関係、顧客(Customer)、競合他社(Competitor)、自社(Company) との親和性や競合関係を分析しながら、より多くの商品をに販売する事を目的としている。

・顧客・市場分析
市場動向、ターゲット市場、顧客ニーズの変化を把握する。
・競合分析
ライバル企業の戦略や特徴、強みと弱み、価格等を分析する。
競合他社が、どのような商品をどのような販売網で売っているか、という視点も重要である。例えば、競合が多くのチャネルやシェアを持っている場合は、戦略・戦術を大きく変える必要がある。
・自社分析
売上高やシェアはどうか、競合との差別的優位性はどこにあるか、人材の質はどうか、などの分析とマーケティング戦略と事業計画を確認する。

<<３Ｃ分析（戦略的三角構図）>>

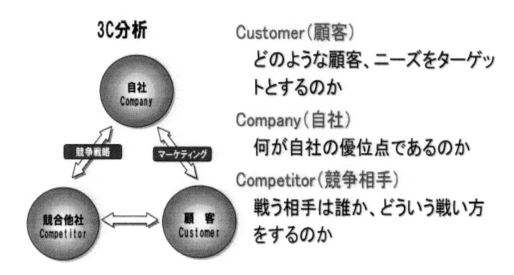

（ＳＷＯＴ分析）
SWOT分析は、外部環境分析や３Ｃ分析のデータをもとに、外部、内部の環境が自社にとって、好影響か、悪影響かを、強み（S）、弱み(W)、機会(O)、脅威(T)で分析し、マーケティング基本戦略や４Ｐ戦略に生かすことを目的としている。

《ＳＷＯＴ分析》

ＳＷＯＴ分析とは、自社の強み（Strength）と弱み（Weakness）、を明確にし、ビジネス上の機会（Opportunity）と脅威（Threat）を明らかにすることである。

	好影響	悪影響
内部環境	Strength （強み）	Weakness （弱み）
外部環境	Opportunity （機会）	Threat （脅威）

《SWOT分析の基本的戦略》

SWOT分析に基づく基本的な戦略として、
①自社の強みを活かす（SO戦略）
②自社の弱みを克服する（WO戦略）
③脅威を回避する（ST戦略）
④脅威と弱みが同時進行することを回避する（WT戦略）などがある。

	Strength （自社の強み）	Weakness （弱み）
Opportunity （機会）	（A）自社の強みを活かす （SO戦略）	（B）自社の弱みを克服する （WO戦略）
Threat （脅威）	（C）（脅威を回避する） （ST戦略）	（D）脅威と弱みが同時進行することを回避する （WT戦略）

（6）マーケティングの4P
　① Product（商品）
　　　種類・品質・デザイン・特徴・ブランド名・パッケージ・サイズ・サービス・保証・返品
　② Price（価格）
　　　表示価格・値引き・流通に対する割引・支払期限・信用取引条件
　③ Place（流通）
　　　販路・流通カバレッジ・仕分け・立地・在庫・配送
　④ Promotion（販売促進）
　　　セールスプロモーション・広告・営業部隊・PR・ダイレクトマーケティング

<<4P（売り手の視点）>>

Product（製品）	Price（価格）
種類・品質・デザイン・特徴・ブランド名・パッケージ・サイズ・サービス・保証・返品	表示価格・値引き・流通に対する割引・支払期限・信用取引条件
Place（流通）	Promotion（販売促進）
販路・流通カバレッジ・仕分け・立地・在庫・配送	セールスプロモーション・広告・営業部隊・PR・ダイレクトマーケティング

（7）4Ｃ（4Ｐを顧客の立場から見る）
　①　Customer Value（顧客にとっての価値）

　　　顧客が求めているのは満足であって、実際に代金を支払って購入している製品はそのための手段。同種の製品間だけでなく、異なった種類の製品間にも競争関係が生じる。

　②　Customer Cost（顧客の負担）

　　　顧客が商品やサービスの価値を得るために支払う費用。支払いが顧客の満足度を充足する必要がある。

　③　Convenience（入手の利便性）

　　　商品やサービスの入手方法は顧客が求めているものになっているか、販売方法やその決済方法など顧客目線での検討がいる。

　④　Communication（コミュニケーション）

　　　店頭での対面やネットでの接点を持つことなど、顧客との対話をどのように行うか顧客目線での検討がいる。

<<4Ｃ（顧客の視点）>>

Customer Value （顧客にとっての価値）	Customer Cost （顧客の負担）
Convenience （入手の利便性）	Communication （コミュニケーション）

　　企業のマーケティング活動においては、自社（Company）が競合他社（Competitor）と競争しながら、より多くの商品を消費者（Consumer）に販売する事を目的としている。そのためには、どのような商品（Product）を、どのような価格（Price）で、どのような流通（Place）で、どのような販売促進で（Promotion）行うかが重要である。

第2章　マーケティングの4P戦略

<＜ニーズ開発からはじまるマーケティングの4P＞

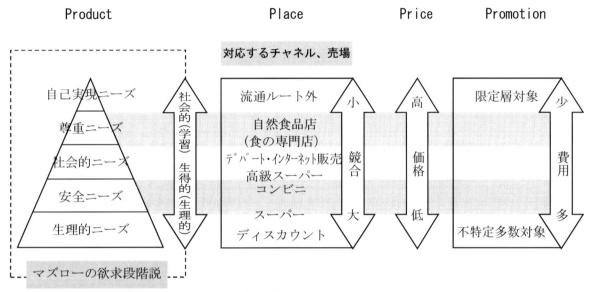

この三角形は、すべての素材、サービス毎に存在

1．商品（Product）

　商品を構成する要素として、種類・品質・デザイン・特徴・ブランド名・パッケージ・サイズ・サービス・保証・返品などがあり、これらの各要素に関して、戦略に基づいた方策を実行するのが商品戦略である。

（1）商品コンセプトの重要性
　どのような商品・サービスも、「商品コンセプト」が重要である。商品コンセプトとは、「この商品はどのようなモノか、誰が使うのか、メリットは何か」などをひとことで言い表したものといっても良い。そのための商品開発プロセス（手順）はアイデア探索から始まるが、商品コンセプトとはそのアイデアを発展させ、消費者の言葉で表現したものということができる。

　視点を変えれば、企業ではそれぞれの商品が消費者にどのような満足を提供するのかを、分かってもらえるモノづくり、コトづくりを行うことが大切である。モノ・コトづくりの第一歩は、消費者の求める満足がどのような品質、機能と関係しているのかという市場（マーケット）を知ることである。

　モノ・コトづくりの際にも、消費者が求めている満足が、その商品の品質の

ほかに、どのようなものが関わっているのかが大切である。そのためには、購買者の心理と購買行動を捉えることがより重要となる。

<<商品コンセプト>>

三つの要素で考えるとわかりやすくなる

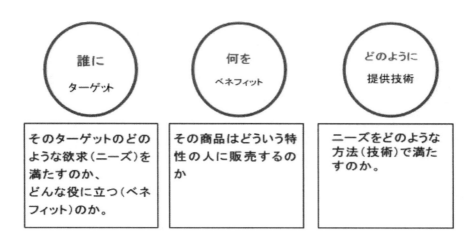

誰に ターゲット	何を ベネフィット	どのように 提供技術
そのターゲットのどのような欲求（ニーズ）を満たすのか、どんな役に立つ（ベネフィット）のか。	その商品はどういう特性の人に販売するのか	ニーズをどのような方法（技術）で満たすのか。

（2）コンセプト発想からプロモーションまでの一貫性

コンセプト発想は、

①「差別化、優位性を強烈にアピール出来る要素」が必要である。

②「新しい商品やサービスを生み出すヒント」が大切である。

③消費者視点に立った「不満」「不足」「不安」など「不」を解決できる要素が込められているかも重要である。

プロモーションまでの一貫性

・競争優位性、差別性、新規性、市場性、独自性などを持った一貫性のある考え方が必要である。

・商品仕様、ネーミング、パッケージ、デザイン、機能、価格、サイズや重量といった仕様を決める。

・さらに広告宣伝などマーケティング戦略、あるいは企業戦略などを立案する。

・ メーカーは商品に対して、ユーザーが「それを何のためにそれを買うか、使うか」という、「ユーザーの価値」を明確に把握しなければならない。

（3）ベネフィット

企業あるいは商材を通じて顧客に提供しようとする便益（便利さや効用）のことであり、3つのタイプがある。

①機能的ベネフィット⇒所有や利用により得ることのできる便益

②情緒的ベネフィット⇒顧客に何らかの感情を与えることのできる便益（例：爽快感、安心感）

③自己表現的ベネフィット⇒所有、利用することで顧客が何らか自己表現をできるような便益

（4）商品の３段階

　コトラーは、顧客に対して「ベネフィットを与えるためには、中核的商品、実際的商品、拡大的商品の三つのレベルに分けて考えることが効果的である」と指摘している。

　モノの場合、たとえば、全自動洗濯機では、中核的商品とは、放りこめば清潔な衣料として再生されることであり、このベネフィットがなければ成り立たないものである。実際的商品とは、現実的に売られている状態の商品のことであり、他の商品との差別化があるか、その特徴は何か、工夫を付加しているか、などの視点が重要になる。拡大的商品とは、満足度をあげるため顧客囲い込みを行うなど、顧客へのアフターサービス、品質保証などである。顧客はこれらをトータルな視点から勘案し、その商品を手に入れることになる。

<商品の３段階>

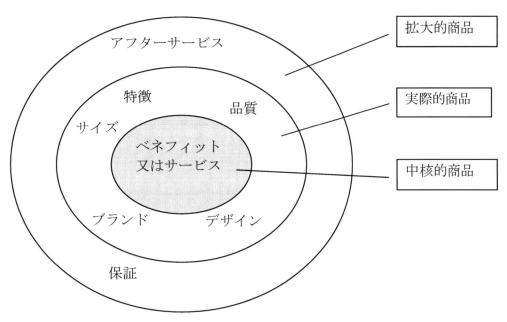

29

（5）商品のライフサイクル

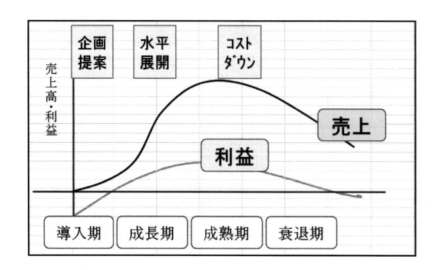

2．価格（Price）

　価格を構成する要素として、表示価格・値引き・流通に関する割引き・支払い期限・信用取引などがあり、これらの各要素に関して戦略に基づいた方策を実行するのが価格戦略である。

（1）価格設定の方法
　①コスト・プラス法
　製品の製造、販売の過程で, かかったコスト合計に一定の利幅を加える方法。
　②顧客の需要に基づく方法
　顧客がいくらまでなら支払うであろうかを考え、それを売価にし、コスト配分を考える方法。
　③競合企業の価格面の動向に基づく方法
　競合他社の価格を基準として価格設定する方法。

（2）新商品の価格設定
　①上層吸収価格政策（初期高価格政策）
　最初から高い価格を設定し、需要の上層部分を先ず吸収し、その後価格を引き下げていき一般大衆も顧客にしていく戦略。高い価値のある商品、高所得者の潜在ニーズのある商品、技術的に画期的な商品などについて採用される。

　②浸透価格政策（初期低価格政策）
　発売当初から思い切った安い価格を付け、短期間のうちにマーケット・シェアを獲得する戦略。
　大量生産による規模の経済性が発揮され、安さが売れ行きに大きく影響する商品などについて採用される。

《価格設定の主役》

今日の価格決定の主役は
生産者（コスト＋利潤＝販売価格）
から消費者
（消費者が納得する価格－コスト＝利潤）
へ移行している

<<参考>>商業系商品の場合の価格構成例

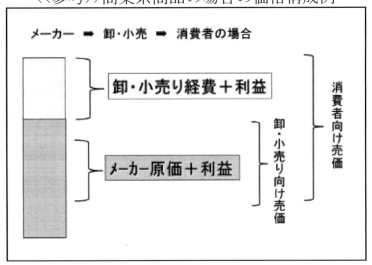

3．流通（Place）

　流通を構成する要素として、販路・流通カバレッジ・仕分け・立地・在庫・配送などがあり、それらの各要素に関して、戦略に基づいた方策を実行するのが流通戦略である。

（1）チャネルの類型
①開放的チャネル政策
多くの卸売業者と小売店と取引し市場を広くカバーする。
②選択的チャネル政策
流通業者を選別し、流通活動の効率化、流通段階への影響力を強化する。
③専属的流通チャネル政策
特定の流通業者に専売権を与え、代わりに他社製品を扱わない排他的取引契約を結び、独占的流通チャネルの性格を明確にする。

<<流通チャネル>>

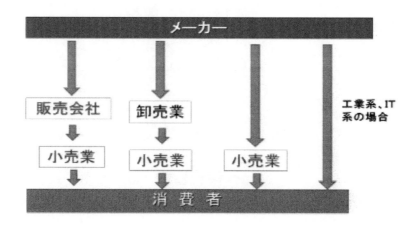

４．販売促進（Promotion）

　販売促進を構成している要素として、広告・パブリシティ・人的販売・プロモーション（SP）などがあり、これらの各要素に関して戦略に基づいた方策を実行するのが販売促進戦略である。

（１）プロモーション手段
　①広告
　マスメディア（テレビ、ラジオ、新聞、雑誌）や　折込チラシ、看板などによりメッセージを伝える活動。
　②パブリシティ
　新聞社、雑誌社、テレビ局などの第三者機関が報道として取り上げるもの
　③人的販売
　販売員による対面販売活動
　④プロモーション（SP）
　リベート、景品、懸賞、展示会、POP広告など。

<プロモーションコストと導入段階>

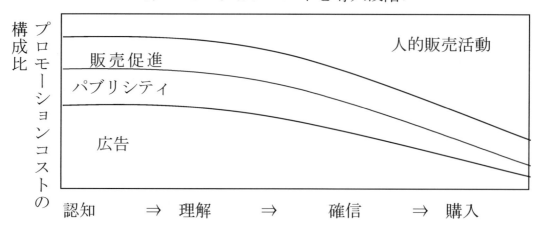

5．4P戦略・マーケティングミックス

　マーケティングの4Pと呼ばれる、製品(Product)、価格(Price)、流通(Place)、販売促進(Promotion)の各戦略を、市場の状況を捉えてもっとも効果的な戦略を組み合わせて実行することを、マーケティングミックスという。

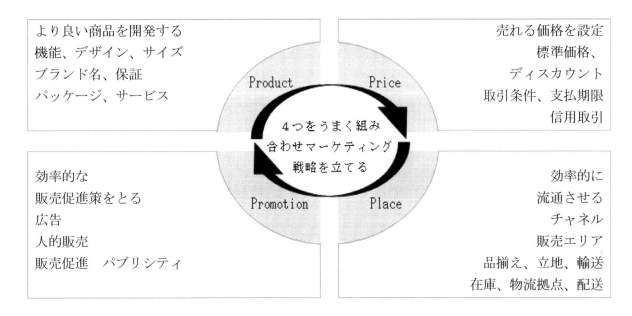

より良い商品を開発する
機能、デザイン、サイズ
ブランド名、保証
パッケージ、サービス

Product

売れる価格を設定
標準価格、
ディスカウント
取引条件、支払期限
信用取引

Price

4つをうまく組み
合わせマーケティング
戦略を立てる

効率的な
販売促進策をとる
広告
人的販売
販売促進　パブリシティ

Promotion

効率的に
流通させる
チャネル
販売エリア
品揃え、立地、輸送
在庫、物流拠点、配送

Place

第3章　ニーズとウォンツと商品

1．ニーズとウォンツ

　ニーズとウォンツの違いは、『それを知っているか、知らないか』が重要である。

　ニーズはそのものを『知っている』と言う前提で、その必要性を感じているという欲求のことである。

　一方、ウォンツは、まだそれには出会ってはいないが『それを欲しい』という欲望のことである。つまり、具体的な必要性を感じているのがニーズ、なんとなく漠然と望んでいるのがウォンツといも言える。ニーズ（needs）は「必要＝足りないもの」は何かを具体的に示せることであり、ウォンツ（wants）は具体的には示せないが「あったら良いもの」という意味を有している。

　たとえば、ニーズは、「あのブランドが欲しい、あの車が欲しい」ということであり、ウォンツは、「気楽に生きたい、楽しいことがしたい」というような欲望である。

2．ニーズとウォンツの探索

　人間の欲求には、本能的な3大欲求があるとよくいわれる。これは「寝る、する、食べる」、すなわち『睡眠欲、性欲、食欲』のことである。ここで言うウォンツは必ずしも必要でないものを求める気持ちであり、マーケティングにおいては、消費者のニーズに答えるのはもちろんだが、ウォンツをどのように引き出して、その欲望に答えていくかが重要である。

　アブラハム・マズロー（1908年～1970年　A．H．Maslow アメリカの心理学者）が唱えた欲求段階説では、人間の欲求は、5段階のピラミッドのようになっていて、底辺から始まって、1段階目の欲求が満たされると、1段階上の欲求を志すというものである。

<<マズローの欲求段階説>>

高次元欲求の段階

自己実現ニーズ…達成、自律、自由といった自己を確立したいという欲求と自己が向上したい自分が潜在的に持っている能力や希望を実現させたいという欲求
・尊重ニーズ…名声、地位、賞賛、承認といった他人からの尊敬を受けたいという欲求と、自分が他人より優れていると認識したいという欲求

・自己実現ニーズ…達成、自律、自由といった自己を確立したいという欲求と自己が向上したい自分が潜在的に持っている能力や希望を実現させたいという欲求。

・尊重ニーズ…名声、地位、賞賛、承認といった他人からの尊敬を受けたいという欲求と、自分が他人より優れていると認識したいという欲求。

・社会的ニーズ…集団や社会に所属してそこで愛情を受けたいという社会的な欲求。

・安全ニーズ…安全や安定した状態を求め、危険から自己を守りたいという欲求。

・生理的ニーズ…身体を維持するための基本的欲求であり、食べ物、水、空気、睡眠、休息などの欲求。

３．商品のライフサイクルと市場

（１）商品サイクルによる区分
　商品には、人間の寿命と同じように商品サイクルというものがある。では、商品サイクルによる区分を見てみよう。
①「まだまだ商品」
　新規商品でまだまだ売れるかどうか判らない。パッケージを変更したり、商品内容を見直すなど商品の一部開発を必要とする場合も多い。一般的に事業の軌道化まで多くの労力が必要。したがって、費用対効果はよくない（あるいは予測できない）。
②「これから商品」
　売上が上昇基調に乗った新規商品。その実績をベースにして同じような販売手法により一定の確率で売れていく。費用対効果がある程度読める。事業については組織化対応などの仕組みづくりが必要。商品の生産・調達等にも留意すれば、ある程度の利益が見込める。
③「いまどき商品」
　もっとも費用対効果の面で収益が見込める時期。仕組みがちょうど対応していれば安定した利益が継続して見込める。しかしブームと呼ばれるような場合には、欠品もでるし、クレーム対応も大変になり仕組みが対応しきれなくなる事もある。メーカーはブーム後の急減速で、大量在庫を抱えてしまうといったリスクも怖い。
④「おつかれ商品」
　定番商品として定着し、利益はそう大きくはないが安定した売上をあげられる事が理想。しかし競合商品も多くなり、さまざまな売上高向上のための工夫が必要となる場合も多い。

<<売れ筋度と商品ライフサイクル>>

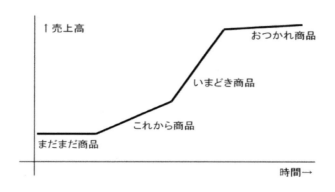

商品の寿命によって販売の労力が違う。その見極めが重要である。

これを、マーケティング的に現したものが、一般的に言われる商品サイクルである。

（2）商品サイクルと市場の関係

商品サイクルと市場の関係から、今現存している、類似の商品もある既存商品と、今までどこにもなかった新規商品に区分し、これを現存する市場と新たな市場創造を図る事業におけるその特徴を見てみよう。

<<商品サイクルと市場の関係>>

商品と市場

	既存市場	新規市場
既存製品	市場浸透 既存市場✖既存商品	市場開発 新規市場✖既存市場
新規製品	製品開発 既存市場✖新規商品	多角化 新規市場✖新規商品

①既存市場×既存商品事業の場合

現在、存在している市場に対して、現在売れている商品と類似の諸品を市場に投入するのは販路、顧客ともバッティングする可能性が高く、販売の伸びは少ないが実績がある商品としては堅実である。

②新規市場×既存商品事業の場合

既存の商品を新しい市場（販路）に投入する。このケースでは多少の誤差があるとしても販売実績は出やすく、販売の伸びも大きくなる商品がある。例えば、地方で実績のある商品を首都圏の新市場に投入するようなケースがこれに該当する。

③既存市場×新規商品事業の場合

新商品を既存の市場に投入する際は、特にその商品が「市場のニーズにあっているかどうか」が重要であり、既存市場の見極めが必要である。

④新規市場×新規商品事業の場合

新規商品を新規市場に投入する事業は特にリスクが高い。また、市場を創造、

形成できるまでに多くの時間を要することがあるため「どのくらいの期間がか
かるのか」ということを想定することが重要である。

　実際に商品を市場に投入するにあたっては、「今、売れる商品なのか」「将
来性のある商品なのか」ということを検証することにより、そのリスクが想定
される。商品・サービスの市場投入では、その成功の可否を決めるため、市場
調査することが必要となる。

Ⅱ　プロモーション編

第1章　プロモーションの基本

1．プロモーションとは

　プロモーションとは、企業(売り手) が消費者（買い手）に情報を伝達して商品の存在とその効用性を認知してもらい、商品の需要を喚起・刺激し、市場の開拓の確保を図るためのマーケティング活動である。

《プロモーションとは》

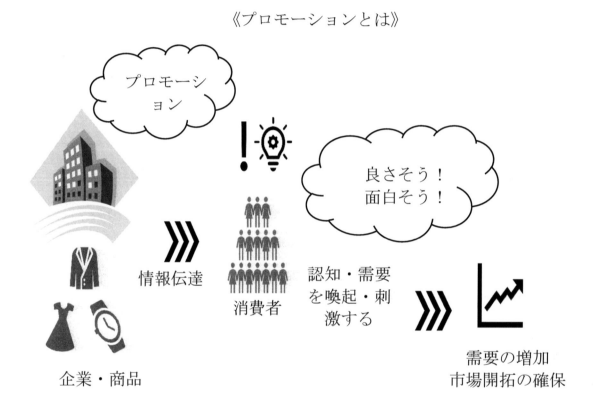

　商業活動には必ずといっていいほどプロモーションが含まれる。街にはプロモーションの産物が溢れ日々、我々の目に触れている。ここでは、普段から慣れ親しんでいるプロモーションを、仕掛ける側の視点から学んでいく。

2．広義と狭義のプロモーション

　プロモーションには広義と狭義の二つの種類があるので、それぞれの意味と違いを覚えておこう。
・「広義」の意味でのプロモーション
　「マーケティング活動の4Pのひとつ」で、広告、人的販売、パブリシティを含むあらゆるプロモーション活動を示す。
　目的は、自社のブランドをより多くの消費者に広く知ってもらい、ブランドイメージをより良くする「ブランド力の強化」である。

・「狭義」の意味でのプロモーション

　広義のマーケティングのプロモーション活動の中で「販売促進」に特化した「売上を上げるためのプロモーション活動」である。セールス・プロモーションともいう。

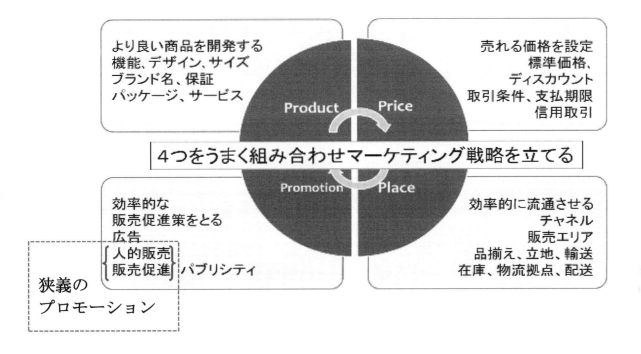

3．プロモーションの役割

プロモーションの役割には以下の4つがある。
　①営業、販売を直接支援する
　②広告による市場開拓
　③マーケティング全般を補う
　④商品開発、商品企画への提案

《《プロモーションの役割》》

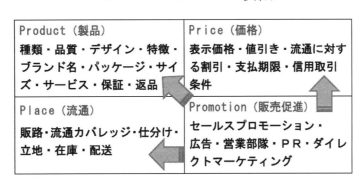

いわゆる「マーケティングミックス」において、すべての分野にかかわり合うことになる。

プロモーション活動において重要な点は、需要喚起と刺激のためのあらゆる諸策を立案し、広告活動からセールスパーソン活動までのプロモーションに関するあらゆる活動を、マーケティングミックスにより相乗効果を求めていくことである。

４．プロモーションの手段

　それでは、具体的にプロモーションの中身をみていこう。
　プロモーションの手段には以下がある。
（１）広告（Advertising）
　テレビ、ラジオ、新聞、雑誌などのマスメディアや折り込みチラシ、看板などによりメッセージを伝える活動。
（２）パブリシティ（publicity）
　新聞社、雑誌社、テレビ局などが、報道として取り上げるもの。
（３）人的販売（Personal Selling）
　販売員による対面販売活動。
（４）販売促進（セールス・プロモーション SP=Sales Promotion）
　景品、懸賞、展示会、POP広告（販売用販促物：ポスター、スタンド、陳列台など）、実演、ポイントカード、会員カード、カタログ、パンフレットなど。

《プロモーションの手段（４つ）》

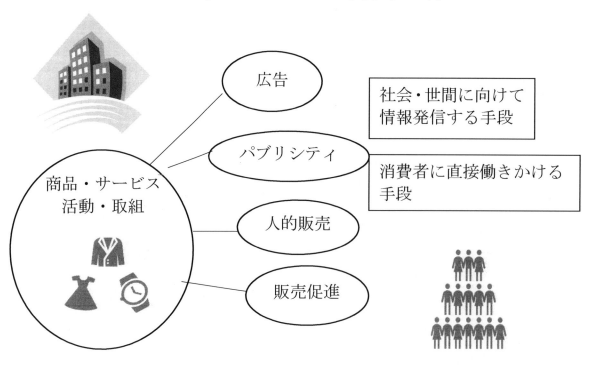

第2章　広　告

1．広告とは

　広告とは、「企業が広告費をかけて広告を出稿し、媒体を通して商品や企業などについての情報を消費者に伝達する」プロモーション手段である。

2．広告媒体

　広告媒体には、「4大マスメディア」といわれる、新聞、テレビ、雑誌、ラジオ、そして、WEBメディアがある。
　・4大マスメディア：新聞、テレビ、雑誌、ラジオ
　・WEBメディア：1次メディア、2次メディア、SNSなど

3．広告のしくみ

　広告主である企業は広告代理店を通してメディアから広告スペースを購入し情報を発信する。広告代理店はメディアから代理店手数料をもらう。
　広告には莫大な費用がかかる。しかし、確実に狙ったターゲットに情報を届けることができる。

《広告のしくみ》

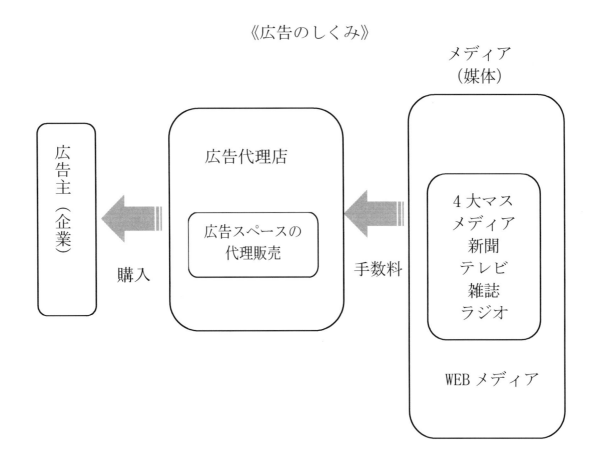

４．広告の種類

　広告の種類は、その性質や媒体に応じていくつかに区分される。
（１）商品広告
ブランドや商品の性能、特徴（優位性）、価格などを訴え購買を促す広告。
（２）企業広告
企業のイメージや名声を高める広告。
（３）感情広告
感情や心理に訴えかけようとする広告。
（４）説明広告
商品内容を論理的に説明する広告。
（５）比較広告
競合商品との違いを伝えて、自社商品の優位性を訴える広告。
（６）商品ライフサイクル（PLC）別広告
商品のライフサイクル（PLC）の段階に合わせて広告を出す戦略。
　以下の３つに区分される。
　　　・開拓的広告…導入期に実施する。需要を喚起する。
　　　・競争的広告…成長期に実施する。優位性を訴える。
　　　・維持的広告…成熟期に実施。商品の記憶を維持する。

<<ＰＬＣ別広告>>

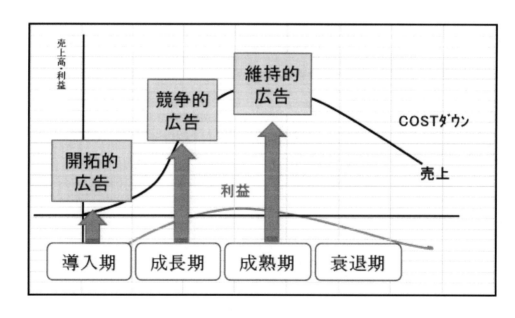

（７）マスコミ広告
新聞、ラジオ、雑誌、テレビなどのマスコミで流す広告。
（８）SP（セールス・プロモーション）広告
屋外広告、交通広告などを利用した広告。
DM、折込、屋外広告板、ネオン、電車中吊り、POP広告、展示会、博覧会、映画広告など。

（9）インターネット広告
消費者との双方向情報交換型広告。
HP、メール、メルマガ、ブログ、インスタグラムなど。

5．広告の効果

　広告の効果を測るには、次の方法がある。

（1）接触効果
・リーチ（広告の到達率）
　一定期間に広告を1回以上見た人の見込み視聴者数に対する割合。
・GRP（累積到達率）
一定期間に広告を見た人の延べ総数の見込視聴者数に対する割合。
・フリークエンシー（接触頻度）
一定期間に広告を見た平均回数。
（2）心理効果
・ブランド認知度
特定のブランドを尋ねたとき、名称を知っているかどうかの指標。
・ブランド想起
　商品の一般名称を尋ねたときに、当該の特定ブランド名を答えるかどうかの
指標。
（3）売上効果
広告の実施により当該商品の売上がどの程度増加したかを測定。
（4）AIDMA、AISAS モデル
消費者が広告などの刺激を受けてから購買するまでの心理的過程。

第3章　パブリシティ

1．パブリシティ（publicity）とは

　パブリシティとは、「企業が各報道機関（テレビ局、新聞社、インターネットニュース社など）に向けてニュースリリース（プレスリリース）を発行し、第三者であるメディアに取り上げてもらい記事にしてもらうことで、自社の認知やブランドイメージを高めていく」プロモーション手段である。

2．ニュースリリース

（1）ニュースリリースとは
　パブリシティ活動において最も重要なツールが、ニュースリリースである。ニュースリリースとは、「官公庁・企業などが報道機関に対して行う情報発表または発表資料の印刷物」（三省堂「大辞林」）のことである。つまり、ニュース性のある、公的に発表された事実である。

（2）パブリシティの方法
　①パブリシティの効果

　広告・宣伝は、一般的に有料でマスコミ媒体（新聞、雑誌、テレビ、ラジオなど）にスポンサーとして広告費を支払い、原稿を作成して掲載するものであるが、これが無料で掲載できるのが「パブリシティ」である。もちろん、無料で掲載できるため、それほど簡単に掲載するわけにはいかないが、マスコミ各社がニュースとして価値のあるものと判断すれば、記者が取材して掲載してもらえる。つまり、広告はお金を出せば広告スペースに空きがあり、広告としての倫理などが守られていれば掲載することができるが、逆にパブリシティは、商品やサービスの、ニュース性などに価値がなければ掲載してもらうことはできないと言える。広告は、スポンサーが商品やサービスを売り込むための原稿を掲載するわけであるから、宣伝くささがつきまとうため、企業としては場合によっては、インフォマーシャルというような、記事風にしたてた広告を作成し掲載する場合もある。一方、パブリシティは、商品・サービスを売りたいスポンサーの立場ではなく、中立で利害関係のないマスコミ各社の記者の視点で掲載するかどうかが判断されるため、購読者・視聴者にとっても偏見のない情報としてうけとめられる。

　したがって、マスコミ等に取り上げてもらうには、その情報発信者にとって多くの購読者・視聴者、つまり消費者に対して信頼性を大きく高めることである。広告とパブリシティでは、例えば同じ紙面に同じ大きさで掲載されたとしても、その効果はよりパブリシティの方に軍配があがる場合が多い。つまり、広告ではなく、パブリシティとして掲載されることは、商品やサービスの信頼性を高め、さらに営業上の活動においても多くの効果を発揮することになるわけである。

　②パブリシティとして取り上げてもらうためには

　次に、このパブリシティの方法を説明したい。まず、パブリシティを行うためにはその商品やサービス、また場合によっては、その事業活動そのものに、新規性があり社会性があるかということである。つまり、マスコミ各社にニュースやトピックとして取り上げてもらうためには、今までにない商品やサービスであるかどうか、あるいは社会への影響力がどの程度あるかということが判断基準になる。大企業など多くの場合には、商品やサービスを少しバージョンアップしただけでも、マスコミに掲載される機会が強いのは、そこに多くの既存の消費者が存在し、それ（情報）自体が社会的に影響力があるため、取り上げてもらえるチャンスが多いのだとも言える。

　では、中小事業者の場合は、どのようにしたらよいのだろうか。中小事業者の場合は、社会的な影響力が一般的には低くなるため、商品・サービス開発の新規性や差別化、また消費者に対してどのような影響度があるかどうかが、ポイントになるであろう。しかし、商品やサービスが多少新しくなくても、突出した企画、差別化された施設・サービスなどがあれば、その材料をうまくパブリシティとして組み立てなおすことによって、ニュースとして取上げられる可能性が高い。そうはいっても、「私たちのような小さな事業者の情報が新聞に掲載されるわけがない」とあきらめている方は多い。実は視点を変えて、媒体の視点で一工夫したり、消費者の視点で組み立てなおしたりすることによって、ニュースやトピックスとして掲載される機会を増やすことができるのである。そのためには、情報発信者としてのノウハウをつかむことが必要となるが、まずは無料であることから、早速はじめたらよいと考える。実際、パブリシティのた

めのニュースリリースの書き方にもそのノウハウがある。

③パブリシティのためのニュースリリースの作成

　マスコミに情報を伝えるためには、パブリシティのためのニュースリリースを作成しなければならない。マスコミ各社に電話をかけても、「ニュースリリースをお送りください」となるであろうし、ＦＡＸで送るにしてもその内容は、一つの基準で書かれていなければならない。この基準を覚える前に忘れてはならないことは、ニュースリリースは、マスコミ各社が「これは紙面に載せそうだ」と直感できるような内容でなければ、すぐに“ごみ箱行き”となってしまうことである。なぜなら、日々、マスコミ各社へのニュースリリースは、大企業の広報部など広報専門の担当者から何通も送付されているからである。したがって、自社のニュースリリースをセレクトしてもらうためには、まずマスコミ各社、実際には記者の目に止まるようにすること、さらに取材してもらうだけの価値ある情報を提供しなければならない。かといって、誇大広告のような情報内容にならないようにすることも肝心である。これは、商品やサービスを発信者の内側から見たような主観的な内容でなく、客観的にすぐれた情報内容を書くことが大切である。またリリースの文章だけでなく、図やデータを添付するなど、できるだけわかりやすく、簡潔にまとめることも大切なことである。

④ニュースリリースの書き方

　ニュースリリースのテクニックは、まずとにかく始めてみてそのコツをつかむことになる。次に、ニュースリリースの書き方についてイベントの例を参考にして、そのポイントを説明する。書き方としては、まずタイトルがある。これは、業界ではリード、ヘッドとも呼び、新聞などでは大見出しとなる。事例としてイベント全体の趣旨を、まとめたものを書く。

《ニュースリリースの例》

観光関連のＮＰＯ法人が結集し、「観光シンポジウム」を開催。

　観光関連の相談・支援活動を行う財団法人と、ＮＰＯ法人５団体は、２０●●年●月●日（土）に東京都新宿（●●広場）において、「観光ビジネスにおける●●●●の活用法」をテーマにシンポジウム（参加無料・先着３５０名様）を開催いたします。

次に、本文を書く。

シンポジウム
テーマ：観光ビジネスにおける●●●●の活用法
司　　　会：○○　○○大学○○学部○○学科教授。
パネリスト：

・佐藤○○　　まちづくり観光協会会長。

・鈴木○○　　　ＮＰＯ法人○○理事長。
・大野○○　　　ＮＰＯ法人○○理事長。

　シンポジウムの参加お申し込みは、○○から受付を行っております。
お電話でのお申込みは、ＮＰＯ法人Ａ協議会「シンポジウム」係まで。
参加無料・先着３５０名様。
■日時：
■場所：
■主催：
■内容：本文を書く。

　　　　　　　　　　　　　　　　　　本件記事に関するお問合せは
　　　　　　　　　　　　　　　　　　○○協会担当部署　担当者

住所
電話番号
ＦＡＸ

---

⑤ニュースリリースの送付方法

　ニュースリリースができあがったら、マスコミ各社に送らなければならない。マスコミ各社に送る方法は、郵送・ＦＡＸ・メール・直接持参などがあり、いずれの場合も送る前に電話をかけてその方法を確認するのがよいだろう。また、記者クラブなどに、直接持ち込む方法もある。大切なことは、掲載されるかどうかは別にしてニュースリリースが届いたかどうかの確認だけはしてみよう。電話をすると、おそらく「まだ読んでいないです」といわれる場合も多いと思うが、「ニュースリリースは掲載できますか、どうでしょうか」などの質問はあまりせずに、届いたかどうかの確認だけにとどめるほうがよいだろう。掲載するかどうかは、あくまでマスコミ各社の判断となるからである。

3．パブリシティの特徴

　パブリシティの特徴を広告との違いから捉えると以下のとおりである。
①広告のような多くのコストを要しない。
②客観的に広く報道されることから消費者に与えるインパクトは大きい。
③報道されるかどうかは報道機関の判断による。
・掲載の機会
　広告は有料でマスコミ媒体にスポンサーとして広告費を払い掲載するのに対して、パブリシティは提供した情報が価値あるものと判断されれば、ニュースとして無料で掲載できる。
　ただし、ニュースとして認められるのが条件なので必ずしも掲載されるわけではない。その点、広告は費用がかかるが、確実に掲載される。
・情報の信頼性
　広告は、企業の主観に基づいてつくられる一方的な発信である。
　それに比べて、パブリシティには報道機関を通した客観性があり、利害関係や偏見のない中立性を保っていることから、多くの消費者の信頼性を高めることができる。

《パブリシティと広告との違い》

	パブリシティ	広告
出稿先の担当部署	編集部・情報部	広告部・営業部
掲載・放送	記事・番組	広告・CM
決定権	メディア	広告主
情報の特性	客観性	主観性
内容	事実	主張
継続性	低い	高い
信頼度	高い	低い
自己主張	低い	高い
消費者イメージ	信頼感	売り込み
コスト	低い（ゼロに近い）	高い
要素	マスコミが注目するネタ	広告主の主張
効果	ゼロから無限大	費用に比例する
掲載の確実性	不確実	確実
費用対効果	高い	低い

第4章　人的販売

1．人的販売（Personal Selling）とは

　販売員が、顧客に直接接し、口頭で商品の説明をして購入を促す対面販売活動をいう。

　人的販売は、販売員が顧客に商品の特徴や機能性、使い方を伝え、更に、顧客の要望を聞き取ったうえでコーディネートの相談まで行い、直接コミュニケーションをとることで顧客を購入に向かわせる有効な手段である。

2．販売員の種類

　販売員には次の3つの種類がある。
①オーダーゲッター（創造的人的販売）：新規顧客を獲得する。
②オーダーテイカー（維持的人的販売）：すでに取引のある顧客から受注を獲得する。
③サポーティング・セールスパーソン（支援的人的販売）：販売支援活動を行う。

3．人的販売のメリットとデメリット

（1）メリット
顧客の個別のニーズに合わせたきめ細かな対応が可能。
複雑な情報も伝えられる。
（2）デメリット
個別対応なので数が限られる。いっぺんに多くの顧客に供給できない。
また、販売員の能力や人間性に依存するので、一定の質を保つのが難しい面がある。

4．人的販売の役割

　人的販売を通して、企業は、商品の評価や顧客の潜在的ニーズ、競合商品の評価など、リアルな顧客情報を得ることができる。販売員はリアルな情報の宝庫であり、企業は得られた情報を、商品企画・開発やサービス改善などに反映させることができる。

《人的販売の役割》

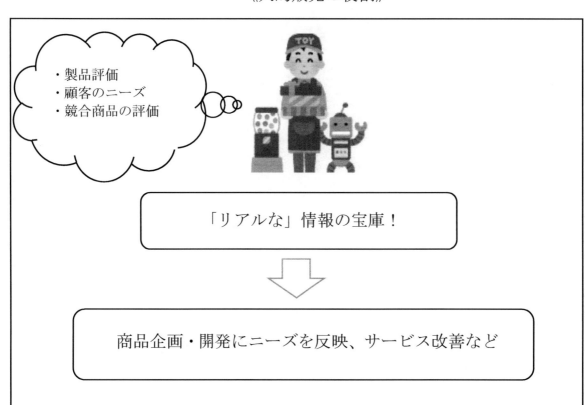

・製品評価
・顧客のニーズ
・競合商品の評価

「リアルな」情報の宝庫！

↓

商品企画・開発にニーズを反映、サービス改善など

第5章　販売促進（SP=Sales Promotion）

1．販売促進とは

　販売促進とは、購買意欲や販売意欲を喚起させるための、活動の総称である。セールスプロモーション（SP=Sales Promotion）ともいう。

2．販売促進の種類と手法

　販売促進（SP）は、対象によって次の3つに分けられる。

（1）消費者向け販売促進
　商品に様々な付加価値を付けることで、消費者の購入意欲を喚起させ、売上を促進させるための手段。パブリシティ・広告も同じく認知してもらう活動であるが、販売促進（SP）は直接、購入に結び付く効果に重きを置いている。

プレミアム	購入者に対して与える景品
ノベルティ	無料で配布される記念品などの景品
サンプル提供	商品見本を無料で提供するもの
発表会・展示会	商品紹介と受注活動を同時に行なう
POP広告（Point Of Purchase）	販売用広告物。スタンド、ポスター、陳列台など
実演	性能や特徴などのメリットを直接消費者に対面で理解してもらうもの
ポイントカード	購入金額に応じてポイントを加算、一定のポイントになれば割引を実施
会員カード	顧客の組織化を図るためのもの
カタログ・パンフレット	商品を紹介する紙媒体のもの※販売員の代替ツールとしても有用

（2）流通業者向け
　流通業者との共存共栄を目的に、販売意欲を促進する施策や販売支援などを行う。

リベート	取引量に応じてメーカーが流通業者に支払う特典。販売促進ツールとしても有効
販売店コンテスト	売上高やディスプレイ、接客技術を競わせることで売上・サービス高向上を図る
販売店教育	経営者や従業員に対して実施される各トレーニング
派遣店員	自社商品の販売強化のために派遣する自社の販売員

（３）社内向け

社内の販売意欲の向上を図る施策や販売技術の向上を目的とした社員教育などを行う。

セールス・コンテスト	社員の営業成績を競わせ、成績優秀者には賞品や賞金を与えることで売上向上を図る
セールスマン教育	販売技術向上を目的とした教育
セールスマニュアル作成	セールスの質の向上、均一化・保持を目的とする
社内報の作成	情報共有ツールとして活用

（１）、（２）、（３）すべて向け

ハウスオーガン	顧客、株主、取引先、社員向けなどの機関紙、PR誌、小冊子など

3．販売促進を進めるポイント

販売促進を進めるには、マーケティングの視点から効果的なプランを立てる必要がある。

①競合他社を含めた販売促進の手法を調べる。

②ターゲット顧客に相応しい販促手法は何かを考える。

③実施するために必要なコスト、期間、人員をプランニングし社内外の調整を行う。

<<販売促進を進めるポイント>>

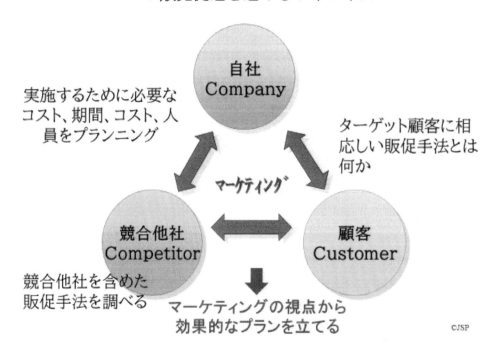

第6章　プロモーション・ミックス

1．プロモーション・ミックスとは

　プロモーションの4つの手段である、「広告」「パブリシティ」「人的販売」「販売促進（SP）」を効果的に組み合わせるマーケティング戦略をいう。

2．プッシュ戦略とプル戦略

　プロモーション・ミックスの手法には「プッシュ戦略」と「プル戦略」がある。

《《プッシュ戦略とプル戦略》》

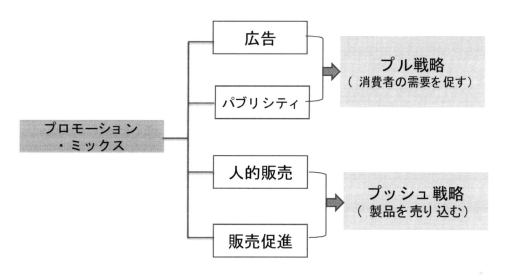

《参考》Place（流通）

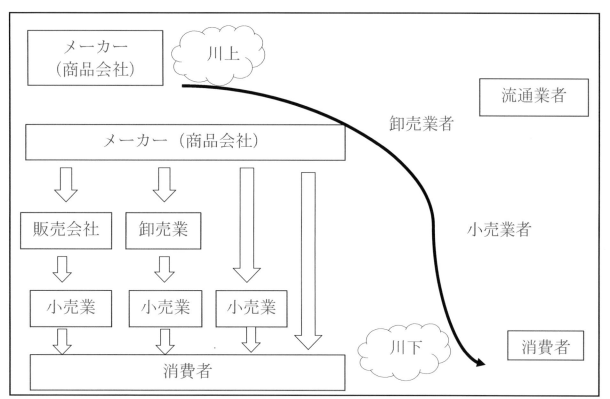

商品が消費者に届くまでの流通の流れは、川の流れに例えて《川上》から《川下》へ表現される。《川上》商品・サービスを提供する企業→卸売業者→小売業者→消費者《川下》。《川上》〜《川下》の流れに沿って「プッシュ戦略」と「プル戦略」をあらわしたのが次の図である。

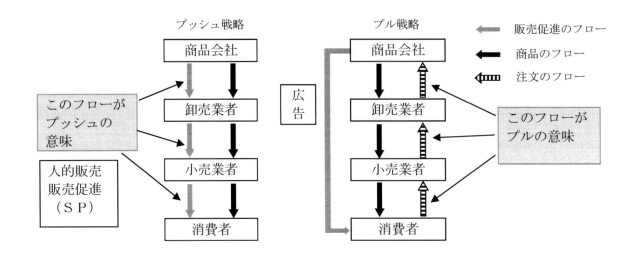

（１）プッシュ戦略
　商品・サービス事業者が、流通業者向けにセールスマンや価格値引きなどの販売促進を推進し、卸売業や小売業での自社の商品の取り扱いを促していく（プッシュ）戦略。使われる手段：「人的販売」「販売促進（SP)」

（２）プル戦略
　主にマスメディアを利用した広告などを用いて、消費者に直接、企業がメッセージを伝え需要喚起を行うことで、消費者が小売店へ商品の購入希望を告げ、流通業者をさかのぼってメーカーから商品供給を引っ張る（プル）するように仕向ける戦略。使われる手段：「広告」ほか「パブリシティ」「SNS」「口コミ」など。

３．AIDMA（アイドマ）

　マーケティングでは、消費者が実際に商品を認知してから購入するまでの行動をモデル化したものがいくつかある。
　AIDMA（アイドマ）とは、インターネットが普及する以前の（※）購入決定プロセスを説明するモデルである。（※）1920年代に米のサミュエル・ローランド・ホール氏が提唱。

　AIDMAの法則では、消費者が商品を知って購入に至るまでに次のような段階があるとされる。

A	注意（Attention）	情報を見て商品を知る
I	関心（Interest）	興味、関心を持つ
D	欲求（Desire）	欲しいと思う
M	記憶（Memory）	商品やブランド名を記憶する
A	行動（Action）	購入する

《《ＡＩDMA》》

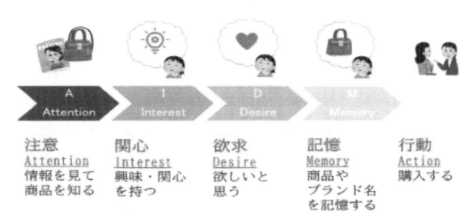

注意　　　　関心　　　　欲求　　　　記憶　　　　行動
Attention　Interest　Desire　　Memory　　　Action
情報を見て　興味・関心　欲しいと　商品や　　　購入する
商品を知る　を持つ　　　思う　　　ブランド名
　　　　　　　　　　　　　　　　　を記憶する

4．AIDMA（アイドマ）とプロモーションの効果

　プロモーション・ミックスを効果的に行うためには、AIDOMA の消費者心理プロセスを想定して、有効的な戦略をとることが重要である。

《AIDMA のコミュケーション目標》

A	注意（Attention）	認識度向上・再生認知度アップ
I	関心（Interest）	商品に関する評価育成
D	欲求（Desire）	ニーズ喚起
M	記憶（Memory）	購入意図形成
A	行動（Action）	購入意欲喚起

　AIDMA の段階と各プロモーションの効果を時系列であらわしたのが次の表である。

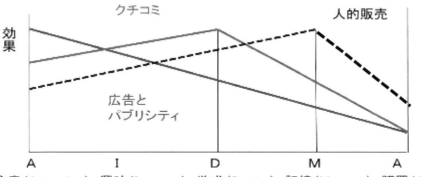

《参考》例えば、新商品をこれから発売する場合、消費者はその商品を知らないので、商品広告とパブリシティ（広報）に力を入れ、世の中に広く知ってもらうプロモーション手段が効果的である。（認識度向上・再生認知度アップ）次に、商品に対する評価を育成しニーズを喚起する段階では、消費者に価値あるものと認めてもらうために、商品の優位性を訴求する「比較広告」や「説明広告」に力を入れ、クチコミも有効な手段となる。購入意図・意欲の形成段階では、人的販売をはじめとした販売促進（SP）が効果的である。

　このように AIDMA（アイドマ）を活用することで、いま、何のプロモーションが必要なのかが見えてくるのである。

第7章　広報

1．広報とは

　広報とは組織（企業、団体等）内外への情報発信に向けて、様々な戦略立案やその実行を行う活動であり、その効果として相手との良好な関係構築につなげていくための活動である。

　広報と一緒に語られることの多い「パブリック・リレーションズ(PR)」という言葉があるが、この2つの言葉の関係は、広報は、PRに内包されているという捉え方である。

　また、広報と対比される広聴は、社会や時代の声に耳を傾け、自社に対しての期待や評価、顧客のニーズを正しく捉える活動をすることだが、これもPRに含まれるものである。

　PRとは企業や団体が社会と良い関係を構築するための活動をいう。PRの目指すものは、ステークホルダーを含む自社にとって大切な人々と、どんな関係でありたいかを軸に、あらゆる手段で誠実にコミュニケーションを行い、関係づくりをすることである。

　PRの本質は、この関係づくりを通じての企業価値創造と伝達のための情報戦略と位置付けられる。

・マスコミが「ネタ」を取り上げるポイント
マスコミが「ネタ」を取り上げるにあたって、ポイントは7つある。
「情報発信」「情報収集」「情報分析」「人脈形成」「反射神経」「発想力」「ベネフィット」の7つである。
「情報発信」つまり「いつ、だれから、どのように開示された情報なのか」という点や、「情報収集」つまり「客観的で正確な情報なのか」という点である。

　他にも「世論の動向や評判、評価に対してどう分析されているか」という「情報分析」における点や、メディアとの人間関係つまり「人脈形成」の点も見逃せない。もちろんスピード感のある、新鮮な情報か？チャンスを逃さない対応がされているか？といった「反射神経」も必要である。

　その上で「時代の潮流に敏感になり、豊かな発想力や想像力があるか」という「発想力」、「経営戦略、企業のビジョン、だれに価値がある情報なのか」といった「ベネフィット」の視点も重要となってくる。

マスコミが取り上げるポイント

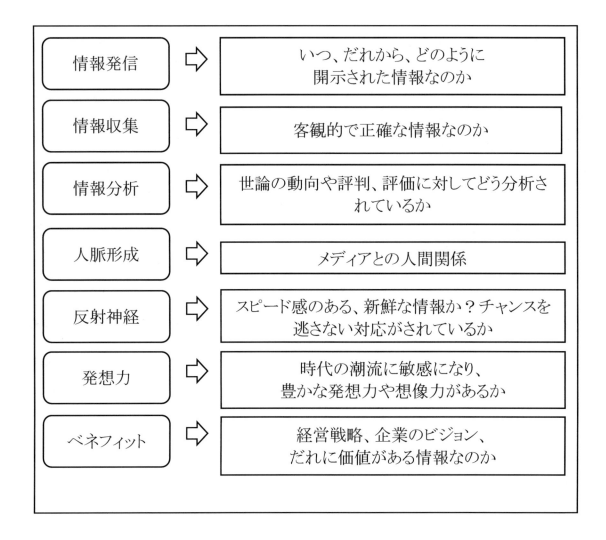

情報発信 ⇨	いつ、だれから、どのように開示された情報なのか
情報収集 ⇨	客観的で正確な情報なのか
情報分析 ⇨	世論の動向や評判、評価に対してどう分析されているか
人脈形成 ⇨	メディアとの人間関係
反射神経 ⇨	スピード感のある、新鮮な情報か？チャンスを逃さない対応がされているか
発想力 ⇨	時代の潮流に敏感になり、豊かな発想力や想像力があるか
ベネフィット ⇨	経営戦略、企業のビジョン、だれに価値がある情報なのか

・リリースの5つの切り口

送り手がリリースするにあたって「商品・サービス」「技術」「人」「経営・ビジョン」「業界」、5つの切り口が重要となってくる。更にそれぞれ「優位性」「差別化」「真意」「価値」「目的」について確認する必要がある。

「商品・サービス」のそのもののスペックに優位性はあるのか。差別化は出来ているのか、真意や価値はあるのか、目的は何なのか、が重要となってくる。「技術」においても「技術の独自性、優位性、背景、開発のいきさつやストーリー」を注視する必要があり、「人」においても「担当者やそのエピソード」は見逃せない。

「経営・ビジョン」では「経営戦略の中での立ち位置、社会への影響力」、「業界」においては「業界に及ぼす影響」などを考慮してリリースすべきである。

リリースの5つの切り口

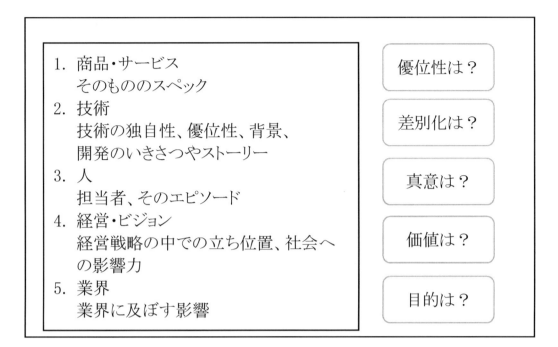

2．広報の活動内容

《プロモーションと広報活動》

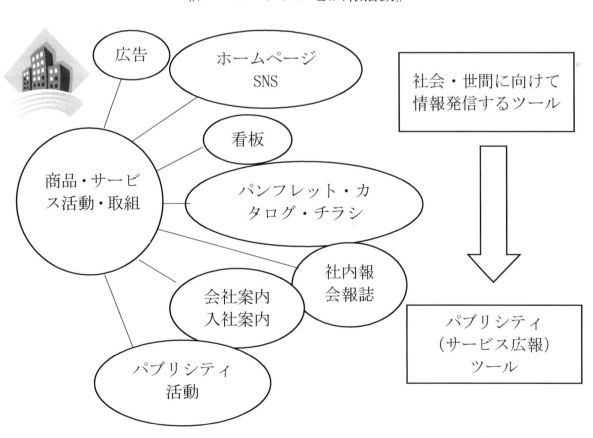

①ニュースリリース（プレスリリース）…情報を報道機関に送るペーパー。
②商品パブリシティ…特定の商品を訴求する
③コーポレート・コミュニケーション…企業・組織に関する対外的・社内的な
情報コミュケーション
④ロビー活動…政府や政治家と交渉する活動
⑤コンサルティング…社内向けに経営陣にアドバイスする

3．広報の役割

　広報の役割は、組織・企業を代表して社会に接し情報を受発信する「対外的
機能」のほか、社会と組織・企業との間に発生する諸問題を調整する「調整機
能」、さらにその組織・企業体の経営戦略に沿った広報計画を実施する「実施機
能」という３つに集約することができる。

　広告が主に商品を訴求し利潤を目的にしているのに比べて、広報は、企業の
活動状況を社会や世間に向けて「広く」「報せる（しらせる）」ことで「公共」
に「繋げ」（Public　Relations）、世間の人々の理解を求める面を持っている。
なぜなら、企業活動は、社会との様々な利害関係なしでは成り立たないからで
ある。

《広報活動の役割》

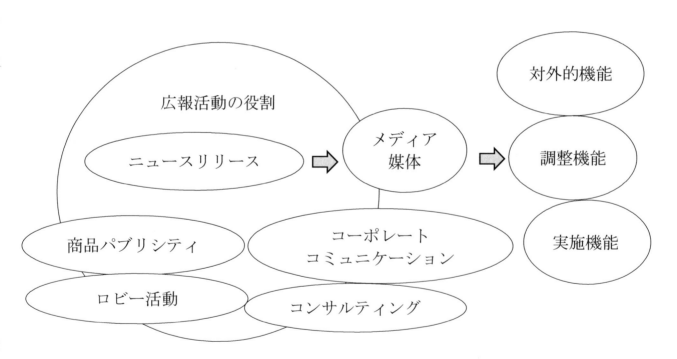

4．ネットワーク型情報社会の広報活動

　WEBメディア、ソーシャルメディアの発達を受け、企業から社会や消費者への情報伝達も多様化している。これまでのように4大メディアなど他のメディアを通じて広報するだけでなく、企業自身がオウンドメディアとしてのホームページやブログ、SNSなどを駆使して、情報の受発信を行なっている。

　そこではパブリック・リレーションズ（PR）の視点に立って、きめ細かな情報発信と、社会や消費者の声に耳を傾け積極的な情報収集に努めている。

《参考》WEBメディア

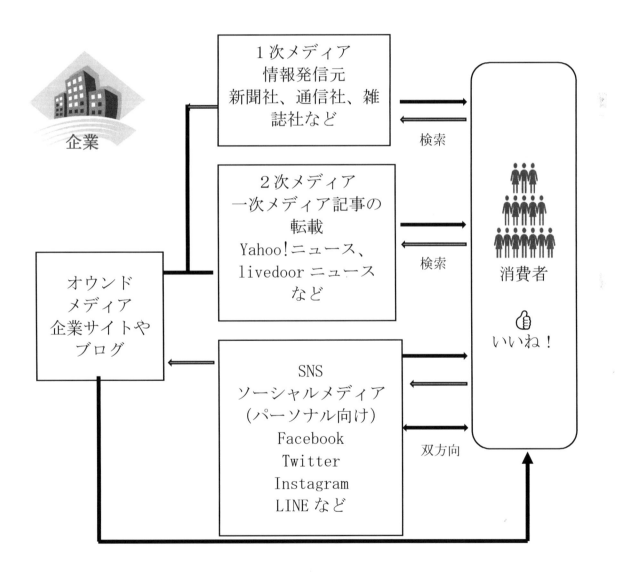

第8章 メディアの変貌とマーケットの変化

1. ネットワーク型情報社会と消費者行動の変化（AISAS）

　消費者の購入決定プロセスも従来の AIDMA モデルから変化している。
　ネットワーク型情報社会における新しい消費者の購入決定プロセスモデルを AISAS（アイサス）※という。（※2005 年　㈱電通が提唱）
《AISAS モデル》

A	注意（Attention）	情報を見て商品を知る
I	関心（Interest）	興味、関心を持つ
S	検索（Search）	WEB メディア検索する
A	行動（Action）	購入する
S	共有（Share）	購入によって得られた体験や知識を共有する

<<AISAS（アイサス）>>

<<AIDMA と AISAS の比較>>

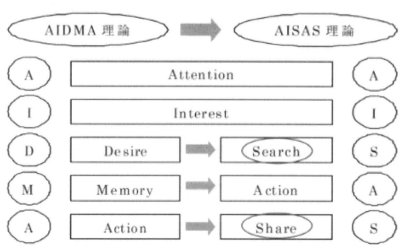

2．ネットワーク型情報社会におけるマーケットの変化

　消費行動の変化に伴い企業と消費者のコミュニケーションにも変化があらわれている。

　消費者が能動的に情報検索や情報共有を行うことで、いままで情報発信元である企業からの一方通行=「ワンウェイ」モデルから企業と消費者が互いに関与し合う双方向的=「インタラクティブ」な関係へと変化し、企業主導から消費者主導へと移行しつつあると言える。

<<参考>>ソーシャルメディアの世界

主なソーシャルメディア系サービス/アプリ等の利用率

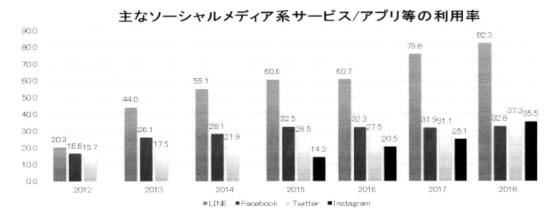

「平成30年度情報通信メディアの利用時間と情報行動に関する調査報告書<概要>」総務省情報通信政策研究所より
（サンプル数1500・10代から60代までの男女）

《マーケットの変化》
(1)マスメディアの依存が薄れ、パーソナルメディアが普及してきた。
(2)情報の発信者と受信者の関係に双方向性が定着し、消費者が積極的にマーケットへ参加する時代になっている。
(3)物的消費よりも、自分の知識や技能の向上のためにお金を使う
　「自分のなかのストック化現象」があらわれてきた。
(4)双方向コミュニケーションの発達により、今までのマーケティング・セグメントである年齢・所得別などを問わず、同じ趣味・志向で区分する「感性階層」マーケットが出現している。

3．ネットワーク型情報社会におけるプロモーション

　情報の流通構造の複雑化が進む中、WEB メディアを活用した情報発信などのプロモーション活動をするには、それぞれのメディアの特徴を理解した上で効果的に行うことが求められる。

　特に SNS の普及は近年著しく、影響力は増大している。日常生活の中で SNS は情報ツールとして欠かせないものとなり、従来のマスメディアを超えるとも言われる中、SNS をビジネスツールとして活用する SNS マーケティングが注目されている。

（１）SNS を活用したマーケティング手段には以下がある。
　①バズ・マーケティング
「バズ」は噂(うわさ)。人の噂になる情報や気になるメッセージを創造し拡散する。
　②インフルエンサー・マーケティング
　影響力のある人物にピンポイントで情報を流し、その人から平均７～８人に
情報を流してもらう。
　③コミュニティ・マーケティング
　ファンクラブや会員システムを作る活動をバックアップする。
　④バイラル・マーケティング
　インターネット上でいろいろな情報をながしながら噂を広めていく。

（２）SNS マーケティングとプロモーション
　利用者の自発的な情報発信の影響力を利用した SNS マーケティングを使えば、
膨大な広告費をかけなくても効果が上がる可能性がある。
　例えば、Instagram には個人アカウントのほかにビジネスアカウントがあり、
EC サイトへ誘導することもできる。消費者はお気に入りのショップをフォロー
し、リアルタイムで情報をチェックする。購入は実店舗へ足を運ぶのもいいし、
オンラインショップでもよい。
　フォロワーを増やすことでプロモーション効果が出る。「いいね」の評価が市
場を動かす SNS 上では「共感のマーケット」が育つ。

　一方で、マスメディアはパーソナルメディアでは補えない役割を担っており、
マスメディアと組み合わせた効果的なプロモーション・ミックスが可能である。

第9章 プロモーション・イベント

1．プロモーション・イベントとは

　プロモーション・イベントは、顧客と商品、店舗を結ぶコミュニケーション手段のメディア機能である。商品の情報や魅力を正しく伝えて販売することを目的にプロモーション・イベントが生まれた。

2．プロモーション・イベントの区分

　プロモーション・イベントは次のように区分される。
⑴ 祝祭型イベント：祭りなどの非日常的な時空間で日常的な諸関係から解放されるイベント
⑵ 市型イベント：かつての市・縁日のようなモノやサービスの売買を中核に置いたイベント
⑶ 儀礼型イベント：日常的な位階などを再確認するようなイベント
⑷ 昂揚型イベント：士気を高めるために行われるイベント
⑸ 学術型イベント：学会をはじめ博物館などのイベント

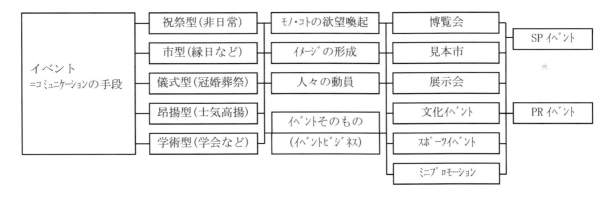

3．マーケットの変化とプロモーション・イベント

　成熟社会における人間の消費行動は、従来の物的消費よりも、自分の知識や技能の向上のためにお金を使う「自分のなかのストック化現象」があらわれてきた。
　また、ソーシャルメディアの双方向コミュニケーションの発達により、今までのマーケティング・セグメントである年齢・所得別などを問わず、同じ趣味・志向で区分する「感性階層」マーケットが出現している。（《参考》例えば、WEBメディア上では、「Gunosy」（グノシー）や「Smart News」（スマートニュース）のようなカテゴライズされた情報を配信する「キュレーションメディア」が身近になってきている。）

このような動きを受けて、「趣味趣向のはっきりしたマーケット」が形成され文化型消費の時代を迎えている。

　これまでのセールスイベントは、マスメディアを軸とした大規模な広告展開を主流とし、そのフォローとしての媒体として機能してきた。しかし、マスメディア単体が支配する時代は過ぎ、個別の関心事に消費が結びつく時代において、今後は「共感のメディア」として機能するイベント活動が主流となるだろう。

　そのような意味で、今後のプロモーション・イベントは、どのような人々を動員し（ターゲティング）、何を目的として実施するか（コンセプト）が、これまで以上に求められる。

Ⅲ　商品開発編

第1章　新商品開発の基本

1．なぜ新商品を開発するのか・商品開発の目的

　新商品開発には、多額の費用がかかり、リスクが多いのに、なぜ、ほとんど全ての企業はそれを試みるのか。それは企業にも寿命があり、企業存続のためには新商品開発は必須であるからである。その目的は、差別化した商品を開発することによって売上高の拡大を図り、利益を生み出すことである。さらに、異業種の商品を開発することによって、他業種への展開を図るといったことも多い。

《商品開発の目的》

　商品のライフサイクルと同じように、企業にも寿命がある。
企業存続のため、新商品開発は必須である。

| 商品開発の目的 |

| 差別化した商品を開発することにより売上高の拡大を図り、利益を生み出すこと |

また、異業種の商品開発することで事業を拡大することも多い。

2．商品開発の目標

　成熟社会の市場における商品開発の目標は「差別化商品づくり」、「オンリーワン商品づくり」である。多様なニーズから対象を絞り込み、提供する商品の特徴を明確にして市場のシェアを獲得する。市場を細分化し、一番上位の欲求ニーズに対応した「差別化商品」「オンリーワン商品」を開発することで、競合に対して有利な戦い方ができる。

《商品開発の目標》

差別化商品
オンリーワン商品

⬇

セグメンテーション戦略
市場の細分化＝市場を絞り込む

・ターゲティング=買って欲しい顧客を決める
・エリア=どこに参入するのか
・ルート・販売チャネル=どこなら勝てるのか
・競合=競争相手・競合は誰か

参考　　マイケル・ポーターの競争戦略

・マイケル・ポーターの競争戦略

　・コスト・リーダーシップ戦略

　　市場において競合他社よりも、低価格で商品を提供できる

　・差別化戦略

　　競合商品と比べて差別的優位性を持った商品を提供する

　・集中戦略

　　ある特定市場に経営資源を集中して競争優位の体制を作る

＊差別化商品

　マイケルポーターの競争戦略の１つとして、他社商品と差別的優位性を持った
　商品のこと

＊オンリーワン商品

　他社では真似のできない、その会社でしか作れない商品という意味の商品のこと

cJSP

3．新商品開発の準備

新商品開発に臨む前に、以下の基本的な課題を洗い出し確認することが必要である。

（1）企業の目的を確認する
・売上、利益を最大にする。
・顧客、社会に対して価値あるもの、もしくは利益を提供する。
・会社のイメージを提供し、また高揚させる。
（2）最善の機能的資源を確保
自社（企業）の長所・短所の分析を通して、
自社（企業）の強い面に各機能の力が傾注されるようにする。

4．PDCAサイクル

すべての事業活動はP（Plan）、D（Do）、C（Check）、A（Action）から出発する。このPDCAサイクルを基本に、企業の現時点での内部資源のリソースを検証し、戦略の方向付けをすることが重要なポイントである。

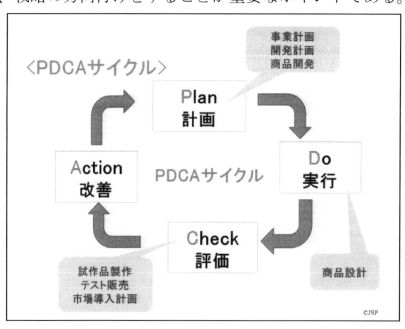

第2章　新商品開発のプロセス

1．商品開発の意義

　商品開発とは、人が何かをよりよく成し遂げるためのモノを考え生み出すことである。人が生きていく上で、何が問題になっているのかを知り、その解決に役立つ道具や手段、仕組みを考え、現実に人がそれを利用できるようにするためのさまざまな段取りを行うことである。現実的な事業戦略にデザインの感性と手法を取り入れ、人のニーズ（潜在ニーズ）に合った「顧客価値と市場機会」を創出することでもある。

2．商品の一般的な定義

　商品の一般的な定義とは、「顧客のニーズを機能的、審美的かつ経済的に最も満足させるのに近いもので、一般的に受け入れられる品質水準で、それが必要とされる場に利用できるもの、そしてまた利益を伴って生産できるもの。」である。

　これに従い、すべての企業は、事業のため必要な「商品の属性」を明確に識別する定義を必要とする。商品の属性には、機能的、美的観念、経済性、入手の容易性、品質及びその他の特性を含む。

<<商品の一般的な定義>>

・顧客のニーズに応えるもの
　⇒機能的、審美的、経済的に最も満足させるのに近いもの

・一般的に受け入れられる品質水準であること

・必要とされる場に利用できるもの

・利益を伴って生産できる事業性があること

・商品の属性が明確に識別できること
　⇒機能性、美的観念、経済性、入手の容易性、品質、その他の特性

©JSP

3．ニーズとシーズ・商品の市場性について

　商品開発の過程では、市場があるかどうかの検証が必要である。最初に「シーズありき」の商品が市場に受け入れられることは稀である。新規性・優秀性があっても「市場のニーズ」にマッチしていない商品・サービスを取り扱うことにはかなりのリスクが伴う。特に、技術優先型商品の評価にあたっては、自社寄りに偏重しがちになるので注意が必要である。従って、自社の資源（シーズ）を生かす商品開発のプロセスには、常に市場の視点（ニーズ）での調査・検証が重要である。

《ニーズとシーズ・商品の市場性について》

　さまざまな商品をみていくとメーカーが持っている技術などにより市場とは関係なく商品・サービス化したものに出会う。図のように市場が求めているものがニーズであり、メーカーが所有しているものがシーズである。これらが一致してはじめて「市場がある」と言える。

```
┌─────────────────────────────────────────────┐
│                                             │
│        ┌───────────────────────────┐        │
│        │  市場がある開発テーマの設定  │        │
│        └───────────────────────────┘        │
│                     ▲                       │
│   ┌─────────────────────────────────────┐   │
│   │ ┌──────────────┐  ┌──────────────┐  │   │
│   │ │ 企業の内部要因 │  │   外部要因    │  │   │
│   │ │(事業計画、経営 │  │(ターゲティング、│  │   │
│   │ │ 課題、保有技術 │  │ ポジショニング、│  │   │
│   │ │  などの)      │  │  競合から)    │  │   │
│   │ │  <シーズ>     │  │  <ニーズ>     │  │   │
│   │ └──────────────┘  └──────────────┘  │   │
│   └─────────────────────────────────────┘   │
│                                             │
└─────────────────────────────────────────────┘
```

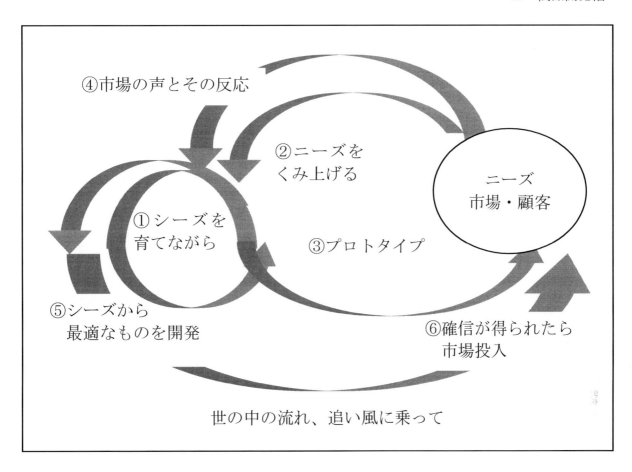

④市場の声とその反応

②ニーズを
くみ上げる

①シーズを
育てながら

③プロトタイプ

ニーズ
市場・顧客

⑤シーズから
最適なものを開発

⑥確信が得られたら
市場投入

世の中の流れ、追い風に乗って

4．商品開発のプロセス・5つの確認

　プロジェクトを効率的にマネジメントしていくには、はじめにしっかりと計画を立て、メンバーの足並みを揃えることが大切である。そのために、目的、ゴールを定義した上で計画を立てる。

その上で、どのようなプロセスで仕事を進めるかを最初の段階で検討しておかなければならない。商品開発には次の5つの確認が要となる。

<<商品開発の5つの確認>>

⑴理解/⑵観察/⑶視覚化/⑷評価・改良/⑸実行

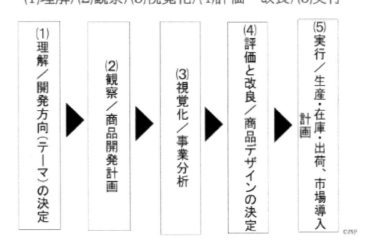

⑴理解／開発方向（テーマ）の決定 ▶ ⑵観察／商品開発計画 ▶ ⑶視覚化／事業分析 ▶ ⑷評価と改良／商品デザインの決定 ▶ ⑸実行／生産・在庫・出荷、市場導入計画

（1）理解／開発方向（テーマ）の決定

・オープンデータからの情報収集と分析。（社外に公開されている情報・資料）
・経営戦略と商品戦略を理解し共有する。自社の実態の把握と制約事項の確認をする。

① プロジェクトの前提条件や市場環境、技術面などについて整理し、あらかじめ理解する。
② スタッフ全員でディスカッションを行い、プロジェクトにおける課題を明確にする。
③ 問題意識の共有化を図るとともに解決の方向性を決める。

（2）観察／商品開発計画

・開発アイテムと対象市場決定。
・ 生活者、利用者の実態、状況を観察やインタビューにより情報収集し、把握する。

　①ターゲットとなる対象者が日常行動をどのような状況で行っているのか、何に困っているのか、何を好み、何を嫌うのかを調査する。
　②市場における競合商品・サービスに対する意識や利用状況を把握する。
　③収集した調査データから問題の全体像を把握する。
・ フィールドワーク、グループインタビューによる情報収集と分析。ＫＪ法による情報。

（3）視覚化／事業分析

・事業企画（開発）案と商品企画案との評価を行い、デザインコンセプトを決定する。
・ 「利用者（市場）の視点、自社（企業）の視点」、双方の問題を解決し、事業性の分析を行う。

　①利用者、市場の視点で、調査データの分析により潜在ニーズを抽出。ニーズを満たすための「デザインコンセプトを明示し、そのデザインに求められる要件」の定義を行う。
　②利用者のゴールを満たすためのシナリオを用意する。
　③自社（企業）の視点で、業務プロセスや技術などの要件を抽出する。
　④双方の比較優先度をつけ、実施要件を絞り込む。ターゲットのニーズを満たす自社のシーズの応用、展開を検討し、アイデア案を絞り込む。
　⑤開発商品アイテム、対象市場の決定。

・感性、トレンドの観点からも、当該商品の競合状況、生活者の意識や価値観、市場のセグメンテーションおよびターゲティングを行う。

（4）評価と改良／商品デザインの決定

> ・実験・検証・ブラッシュアップを行い、商品デザインを決定する。
> ・デザインによる解決案、試作（プロトタイプ）案を作成し、最適化を図る。

①デザインテイストのトレンドの仮説を立てる。

②コンセプトメーキング。

③問題解決具体案（デザイン案）を決定する。

④ユーザーや専門家に評価してもらい問題点を抽出する。

⑤テストで明らかになった問題点を改善する。

⑥デザイン決定。

・プロトタイピング（試作品）、ユーザーテストによる実験。

（5）実行／生産・在庫・出荷、市場導入計画

> ・最終解決案を決定し、市場に出すために必要な準備を行う。

①商流…取引・決済の流れ

②物流…物の流れ（輸送・保管・在庫など）

③情報流…情報の流れ

5．商品開発の流れ・商品企画と商品開発

　商品開発の流れは、基本的に、まず商品企画が商品のイメージやアイデアをつくり、それをもとに商品開発が形にしていくという流れである。

「商品企画」と「商品開発」はそれぞれ役割が違う。

・商品企画=商品イメージの明確化、商品のコンセプト・イメージやアイデアを策定する。

・商品開発=企画された「商品のコンセプト・イメージやアイデア」を実際に商品として形にする。（商品化）

6．商品化の要件・市場の要求品質

　製品の実用化（商品化）の要件には、商品の基本的な品質（商品品質）と市場の要求に叶う品質（市場の要求品質）がある。

　企画段階では、商品化が困難であったとしても、アイデアは通用する。しか

し、どんなに優れたアイデアやコンセプト・イメージを生み出しても、製品を実用化し市場に出回る形（商品化）にしなければ成功とは言えず、開発に失敗すれば事業そのものの失敗ということになる。

7．商品開発の10のステップ

市場の要求品質をかなえるためには、「アイデア発想」の段階から、「ターゲット」や「販売ルート」までを想定する、流通の川下から川上を見つめ、経営全体、経営の根幹までを含めて『市場の視点』から構築するマネジメントマーケティング（MM）※の視点が重要である。

マネジメントマーケティングの視点に立った商品企画開発におけるマネジメント戦略が、「MMP商品企画開発10のステップ」である。重要なのは、各ステップにおいて「市場や顧客を理解した活動を行う」ことである。

（※小塩稲之が提唱した「経営ビジョン、経営計画において常にマーケティングが先行し、新たなマネジメントを生み出し、事業を創出する」という考え方。詳しくは、「Ⅶ　マネジメントマーケティング」で述べる。）

（1）MMP商品企画開発10のステップ

MMP商品企画開発10のステップは、最初の「テーマの設定」から順に次のようになる。

①マーケティング環境分析

②3C調査、セグメンテーション（市場の細分化）とターゲティング（市場の絞り込み）

③アイデア発想・アイデア選択評価

④ポジショニング分析

⑤商品設計

⑥製品評価

⑦SWOT分析

⑧マーケティング・ミックス（4P）による分析と戦略立案

⑨問題抽出解決シート

⑩ロードマップ作成（中長期計画）

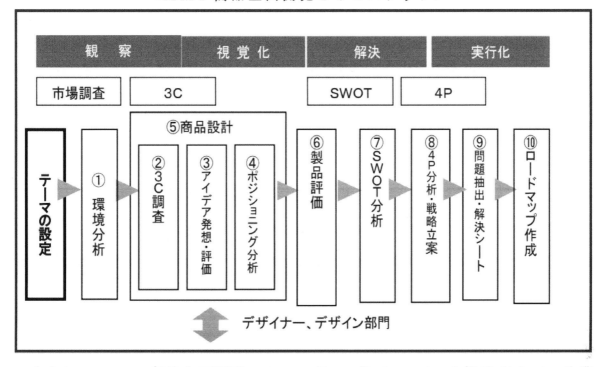

さらに、ＭＭＰ商品企画開発 10 のステップにおいて、本格発売までの作業フローは次のようになる。

①開発の背景・目的	②テーマの設定　仮説づくり	③外的与件　環境分析	④内的与件　３Ｃ調査・分析	⑤アイデア収集・評価選択	⑥ポジショニング分析	⑦商品コンセプトづくり	⑧試作品・設計	⑨製品評価・事業性分析	⑩問題解決・ＳＷＯＴ分析	⑪４Ｐ分析・戦略立案	⑫テスト販売	⑬問題抽出・解決	⑭ロードマップ作成

（２）作業フロー

　まず最初に、テーマの設定は、しっかり慎重にやること、営業も生産部門も、社内の意思統一を図ることが重要である。

　アイデア出しが、商品企画担当者の腕の見せ所。経験を積み、アイデアをストックしておくことがポイントである。テーマの設定とアイデア出し、そのために様々な調査と分析を実施する。「他より付加価値の高い商品を作れるか」が、商品開発者の任務といっても過言ではない。

ＭＭＰ商品企画開発 10 のステップの手順の前に「仮説を立てる」必要がある。経営資源やミクロ・マクロの外部環境与件を有効に活用するために、経営者がたてた仮説は、経営者の頭の中にしまわず、チームに明示することが望まれる。組織の大きな課題である「共通目標・貢献意欲・コミュニケーション」の３点を醸成するのに効果的だからである。

　また、自社のメリットより顧客のメリットを想定して顧客からヒアリングをしやすくすることも重要である。市場の声を社内フィードバックできるような体制も常に準備しておかねばならない。『市場の視点』に立ってマーケティングを考えれば、不確定な要素や問題点を早く明示することで、つくってしまってから市場に受け入れられずに不良在庫になることもないだろう。

（３）検証と商品設計

　次に、市場ニーズにマッチした商品開発かどうかの検証である。市場調査の実施を通じて、対象市場の市場環境や、市場ニーズを明確化する。これにより市場ニーズにマッチしない商品開発や、成長性が乏しい、あるいは予想していたより市場規模が小さいマーケットへの新商品の市場投入を防ぐことができる。次はアイデア発想だが、当社が新商品を開発するとすれば、こんなものをやるべき、というイメージを持っている人は多いものである。そこで、その商品を使う側からの検証が重要である。そのためのアイデア収集、分析を行う。ただし、アイデア発想法をいかに理解したとしても、そのメンバーに商品知識が欠けていたり、理想論ばかりではなかなか着地しない。いくら目新しくても、経験や歴史、商品知識、技術などを理解していない素人集団では、そのアイデアや発想は失敗するということである。

　実際に、商品知識を持つ人のアイデア発想が必要である。よく、「センミツ（千回トライして、２つか３つしか成功しない）」といわれるが、素人の発想では継続的なアイデアは得られない。次のポジショニングは見込み客に商品やブランドのイメージをどのように位置づけるかということである。ポジショニングの設定は、「ひとこと」で言い表せることも重要な要素である。「ひとこと」で言い表せることは、一つの効用（ベネフィット）に絞り込んで訴えるということであり、ブランドの特性が明確になる。ポジショニングの例として、ボルボは「最も安全な車」、ＢＭＷは「究極のドライビング・マシン」、ポルシェは「世界最高の小型スポーツカー」という位置づけをしている。

　商品企画、商品開発の中でも、商品コンセプト、デザインコンセプトを決める一番の柱となるのが「商品設計」である。モノを理解するには、『モノ』よりも『コト』に注目することが重要である。モノにとらわれると、モノ自体の分析ばかりに目が向いてしまうことが多くある。

　「あなたの会社の商品と他の商品との効用の違い、またはその商品の考え方（商品コンセプト）は、何ですか」という問いが重要になる。実は、これが明確にされていないと「商品」としての情報発信は出来ない。そして、いつまでたっても、売れない「商品」というレッテルを貼られることになる。

　ところで、「製品」と「商品」の間には、大きな川が流れている。「製品」はつくっただけのモノであり、「商品」は商いになるモノ、売れるようにしたモノである。そこで、製品か、商品かの判断材料となるのが、製品評価であり、次の３つの視点、新規性・優秀性・市場性により評価することが重要である。

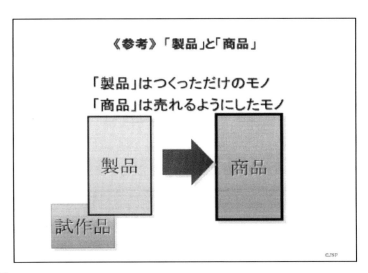

（４）最終段階

　次のステップとなるＳＷＯＴ分析では、自社の強み（Strength）と弱み（Weakness）、ビジネス上の機会（Opportunity）と脅威（Threat）を明らかにすることであるが、ＳＷＯＴ分析で導きだした課題を重要度、効果性、実現性、経営資源の制約を考慮し絞り込み、どの因果であるか、関係を分析しながら、真の問題点を導き出し、これに落とし込むことが重要である。

　その時「なぜ、それが起きたのか」「その原因は何か」を繰り返し、真の問題点を導き出す「問題抽出解決シート」は欠かせない思考ツールである。このダイヤグラムにおいて真の課題を抽出し終えたら、現在の状況、課題解決策を実施後の１～２年後（短中期目標）、３～５年後（長期目標又はあるべき姿）の課題が

解決した状態の道筋を具体化、立案するのがロードマップとなる。

商品開発の全体像を理解し、次のようなツールを活用していただきたい。

MMP商品企画開発 10 のステップ図

```
          ┌─────────────────┐
          │   テーマの設定    │
          └─────────────────┘
                   ↓
          ┌─────────────────┐                    PDCA
          │①マーケティング環境分析│         ←──────────┐
          └─────────────────┘                        │
    ┌───────────────────────────────┐               │
    │    ┌─────────────────┐        │               │
    │    │   ②３Ｃ調査      │        │               │
    │    └─────────────────┘        │               │
    │             ↓                 │               │
    │    ┌─────────────────┐        │               │
    │    │ ③アイデア発想・評価 │        │               │
    │    └─────────────────┘        │               │
    │             ↓                 │               │
    │    ┌─────────────────┐        │               │
    │    │ ④ポジショニング分析 │        │               │
    │    └─────────────────┘        │               │
    │             ↓                 │               │
    │    ┌─────────────────┐        │               │
    │    │   ⑤商品立案      │        │               │
    │    └─────────────────┘        │               │
    │             ↓                 │               │
    │    ┌─────────────────┐        │               │
    │    │   ⑥製品評価      │        │               │
    │    └─────────────────┘        │               │
    │             ↓                 │               │
    │    ┌─────────────────┐        │               │
    │    │⑦ＳＷＯＴ分析・基本戦略│        │               │
    │    └─────────────────┘        │               │
    │             ↓                 │               │
    │    ┌─────────────────┐        │               │
    │    │ ⑧４Ｐ分析・戦略立案 │        │               │
    │    └─────────────────┘        │               │
    │             ↓                 │               │
    │    ┌───────────────────┐      │               │
    │    │⑨問題抽出・解決シート作成│      │               │
    │    └───────────────────┘      │               │
    │             ↓                 │               │
    │    ┌─────────────────┐        │               │
    │    │ ⑩ロードマップ作成  │        │               │
    │    └─────────────────┘        │               │
    └───────────────────────────────┘               │
                   ⇩                                │
    ┌─────────────────────────────────────┐         │
    │   フィジビリティスタディと意思決定        │         │
    │ （実現可能性検証、テストマーケティング） │         │
    └─────────────────────────────────────┘         │
                   ↓                                │
          ┌─────────────────┐                      │
          │   本格販売        │  ←───────────────────┘
          └─────────────────┘
```

（5）MMP商品企画開発 10 のステップの流れ

　テーマの設定→経営側の承認

　「検討する商品サービスがどの段階にあるものなのか」が重要。

　　・Ａ：商品の構想や、図面だけ（研究段階、アイデアのみ）＝仮想カタログ
　作成必須

　　　・B：プロトタイプ（試作品）→量産体制へ

　　　・C：既存完成品＝ブラッシュアップ

①マーケティングの環境分析

マクロとミクロでの分析

分析手法：マーケティングの環境分析

→MMC戦略会議（※）＜３C調査設定＞

　　（（※）「Ⅵ　マネジメントマーケティング編」で解説）

②３C調査実施、（消費者・購買者調査（BtoC・BtoB・CtoCなど）

　調査手法：面接法(個別面談、グループ・インタビュー、他)、電話法、郵送法、留置法（事前に調査票を郵送し、後日訪問し回答を回収）、WEBの利用(アンケートなど)

代表的なものにはモニタリング、ヒアリング、グループインタビューなどがある　→３C分析手法

③アイデア発想・評価

　　MMC戦略会議＜アイデア発想法を活用したグループワーキング＞

　　発想法（KJ法、ブレーンストーミング）

評価法(ex.アイデア優先順位付、製品（技術）評価表、プロトタイプ評価法)

　　（BとCの商品の場合：優先順位（製品評価表）と技術可能性を検証する）

　　MMC戦略会議＜アイデア発想法を活用したグループワーキング＞

④ポジショニング分析

　　分析手法：ポジショニング分析

　　→MMC戦略会議＜ポジショニング・マップ作成のグループワーキング＞

⑤商品立案・設計

　　商品コンセプト、デザインコンセプト

⑥製品評価・事業性評価→経営側の承認

⑦ＳＷＯＴ分析→基本戦略

　　分析手法：ＳＷＯＴ分析

⑧４Ｐ分析・戦略立案

　　市場の位置づけによって最適な戦略を立案する

⑨問題抽出・解決シート作成

　　問題点を抽出し、解決手段をシートに作成する

⑩ロードマップ作成

　　市場投入までの開発工程表を作成する

《参考》

市場投入までの商品開発のプログラム（１）

自社商品を選んでもらうための特徴を決める
（商品本体のコンセプト・デザインを考える）

前提条件、市場環境、技術面の整理	顧客、市場ニーズの把握	自社シーズの応用と展開
理 解	観 察	視 覚 化

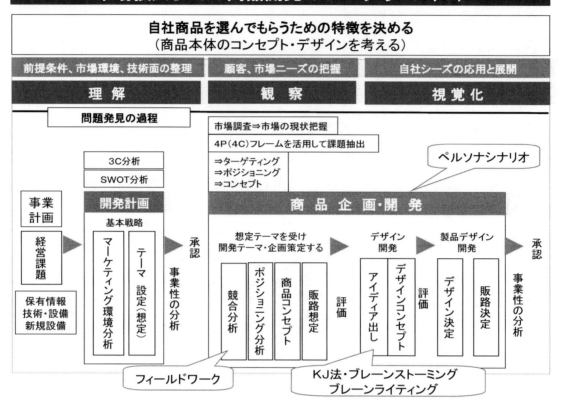

問題発見の過程

市場調査⇒市場の現状把握
4P（4C）フレームを活用して課題抽出
⇒ターゲティング
⇒ポジショニング
⇒コンセプト

ペルソナシナリオ

3C分析
SWOT分析

事業計画 / 経営課題 / 保有情報 技術・設備 新規設備

開発計画
基本戦略
マーケティング環境分析 / テーマ 設定（想定）
承認
事業性の分析

商品 企画・開発
想定テーマを受け 開発テーマ・企画策定する
競合分析 / ポジショニング分析 / 商品コンセプト / 販路想定 / 評価
デザイン開発
アイディア出し / デザインコンセプト / 評価
製品デザイン開発
デザイン決定 / 販路決定
承認
事業性の分析

フィールドワーク

KJ法・ブレーンストーミング ブレーンライティング

市場投入までの商品開発のプログラム（２）

自社商品を選んでもらうための実行のシナリオを描く
（実際に効果的、効率的に売るための方法を考え、実行する）

自社シーズの応用 と展開	市場でのニーズ再確認	
実 験	評 価・改 良	実 行 へ

プロトタイピング

問題解決の過程

商品 設計
商品本体 パッケージデザインの開発
試作品を作る / 使用実験 / 修正 / 生産設計・計画 / テスト販売 / 修正 / 量産体制準備 / 事業性の分析

資材・物
・輸送
・保管
・在庫

市場導入計画
・商流
　・・・・・・取引・決済の流れ
・物流
　・・・・・・輸送・保管在庫
・情報流
　・・・・・情報の流れ
（広告デザイン・販促・販売）

本格販売

ユーザーテスト

IV　市場調査編

第1章　市場調査

1．市場調査の目的

　企業のさまざまな戦略を決めるうえで、人と社会の状況を客観的に把握し、市場の現状を知ることは極めて重要である。市場調査によって得られる情報は、商品設計のみならず、製品デザイン開発やマーケティング戦略策定の基礎となる情報の蓄積をもたらすものである。

　市場調査には、社会に発生するさまざまな事象によって顧客の嗜好やトレンドが変わり、既存商品に対する不満や、新たなニーズが発生する実態を、速やかに調査し分析することによって、より的確なマーケティング戦略の立案に結びつける目的がある。

《市場調査の目的》

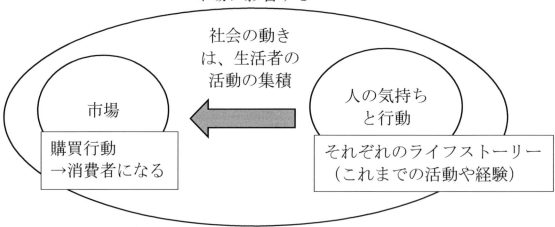

86

<<参考>>商品コンセプトの設定と市場調査

> 商品コンセプト設定の具体的な内容
> ターゲットの設定：誰が何時、どこで、どう使うのか。
> ニーズの設定：ターゲットが求める品質・機能・価格。
> 販売チャネルの設定：販売する場所、販売方法。
> シーズの設定：原材料、加工・製造方法　等。

そして、これらの設定を客観的に検証するために行うのが**市場調査**である。商品コンセプトの明確化と十分な市場調査の実施は必要不可欠である。調査結果によっては、商品開発・販売の中止も含め商品コンセプトや開発・販売計画を全面的に見直すとの姿勢が必要である。

2．市場調査の実施方法

（1）主な調査方法
①質問法
　調査対象者に対して、直接質問することによりデータを収集する調査方法。
・面接法（個別面談、グループインタビュー、他。）
・電話法
・郵送法
・留置法（事前に調査票を郵送し、後日訪問し回答を回収。）
・ＷＥＢの利用
②観察法
　調査対象者に質問するのではなく、実際の行動や状況をありのままに観察することによって、データを収集する方法。
（動線調査、他店調査、交通量調査、他。）
③実験法（計画法）
　ある変数間の因果関係を調査するため、説明変数を操作し、被説明変数への影響を測定する調査方法。
　例えば、あるブランドの売上に対するプロモーション活動の効果を測定する場合に、値引きや特別陳列を操作し、売上の変化を測定する。

（2）定量分析と定性分析
市場調査の分析方法には「定量分析」と「定性分析」がある。
それぞれの特長は以下のとおりである。

（定量分析の特長）
①数値化した情報やデータを分析する。
これは定量分析の定義であり、数値指標の大きさの比較や変化の度合いの分析が可能である。

②客観的に判断できる
数値指標に基づく意思決定を客観的に判断できる。
③結果をグラフや図表でわかりやすく「見える化」できる
④コミュニケーションやプレゼンに説得力が増す
⑤基本的には過去における実績ベースのデータである

（定性分析の特長）
①数値で表せない情報やデータを分析する
定性分析の定義ともいれるもので、これには言葉や態度といった感性情報も含む。定性情報間の階層性、因果関係、対局性などの構造を探る。
②全体の問題や論点を大局的に俯瞰して拾い出すことができる
問題全体を眺めて何が問題となっているかを俯瞰できる。すなわち、細部の「木」ではなく「森」全体を眺めることができる。
③数値にとらわれない多面的かつ柔軟性のある分析ができる
④未来志向に関する内容も含む
定性情報・データは過去の内容だけでなく、現在の情報や将来への展望など、現在から未来にわたる時間軸の情報も含む。すなわち、将来への期待や予測を行うには積極的に活用できる。
⑤主観的、探求的である。試行錯誤の要素を含む。
　（中村力著「ビジネスで使いこなす「定量・定性分析」大全」日本実業出版社より抜粋）

3．市場調査の手順

(1)実施例
　① 問題点の把握・調査内容の決定
　　調査を始める前に何が問題かメンバー内で議論し、問題の全体像を明らかにしておく。
　② 調査の仮説を立てる
　　「こうではないのか」といった仮説を持った上で、調査を実施する。
　③ 調査対象・調査方法の決定
　　どこに情報があるのか、どこで情報が収集できるか検討し、調査計画を作る。
　④ 調査実施・記録
　　直接目にできる、体験できるものは足を運んで収集する。先入観で先に決めつけない。
　　見たこと、見つけた情報は記録、メモに残す。
　⑤ データ分析・仮説の検証をし、修正をする
　　データを収集しデータを分析した上で、仮説を検証し修正する。

4．市場調査の留意点

（1）仮説を立てる

　仮説のない調査からは結果を導き出すことができない。自分がユーザーになりえる商品企画については、誰もが「こういうことではないのか」というような仮説を持っている。しかし、それは「少数派の考えではないのか」といった疑問を持ち、確かめておくことが必要である。したがって、あらかじめ仮説を持ったうえで調査を実施する。仮説を立てる際には、一気に結論を狙うのではなく、調査目的に近いところでアタリをつける。調査して仮説を検証したら、柔軟な軌道修正の姿勢が重要になる。

《市場調査の留意点》

```
仮説のない調査からは結果を導き出せない

・仮説を検証するための調査設計をする。
・仮説は一気に結論を狙わずアタリをつけて検証し
結果によって、軌道修正する柔軟性も必要である。
```

5．定性的調査

　アイデアは主に言葉で表現される。数値化できない生活者のニーズを得る市場調査の代表的な調査方法のひとつに「定性的」方法がある。定性的市場調査の手法には、グループインタビューやフィールドワークなどがある。

　得られた定性情報は、表面通りに受け取るのではなく、言葉や現象の裏にある「理由」を常に考え、理由をさかのぼり商品企画のアイデアの要件となる発見をしていくことが重要である。

```
《人の潜在的なニーズをくみ取る》
人とその「消費行動」を知る

定性        フォーカスインタビュー
情報        1対1のインタビュー、グループインタビュー
            まち、店、売り場（フィールドワーク）、メディ
            アなども重要

「なぜ買わないのか」「なぜ買おうとしたか」その行動の理由が重要

人が「ものを決めるとき」「買うとき」の潜在的なニーズをくみ取り
商品企画のアイデアを磨いていくことが目的である
```

6．グループインタビュー

　グループインタビューは、調査に適合する対象者（通常５～７名程度）に直接、かつ深く掘り下げて意見を聴く方法で、司会者の進行で、「開発テーマ」やテーマに基づいて作られた「仮説」を投げかけ、自由に意見交換する意見交換方式の定性調査である。

　想定されるターゲットの意識や欲求から、商品開発のヒントや仮説を得て、検証する。

　情報は会話的な言葉であるため、データとしては活用するには、ＫＪ法などの方法で分析し、顧客ニーズとして定性的に把握することが必要となる。

（１）グループインタビュー１０のメリット
　グループインタビューには、次の１０のメリットがある。

①シナジー効果：出席者の交互作用、相互により各個人のインタビュー効果の総計よりも、広範囲な収穫を得ることができる。
②雪だるま作用：発言の累積によりどんどん内容が膨らむ。
③刺激：発言が互いの刺激になって次の発言をどんどん誘発する。
④安心感：単独でないため、出席者は安心感を持つ、それが積極的な発言を促す。
⑤自発性：一人ひとりに発言を強制するわけではない、集団だからこそ質問外の発言が飛び出す。
⑥思いがけない発言：司会者も、出席者さえも、高揚した雰囲気の中からは思いがけない発言が得られる。
⑦専門化：司会者は極めて重要であり、必然的に専門化し、高度化する。
⑧科学的精密性：モニタリングや記録による分析を行うため、科学的な精密さがある。
⑨雰囲気×深度：個人のインタビューに比べ、範囲、深さともに優る、よってこの相乗効果は巨大なものである。
⑩スピード：複数への同時インタビューなので、個人インタビューにかかる時間の和よりも短時間で済む。

（２）グループインタビューの準備の手順
・テーマと仮説を設定
・司会者、インタビューの日程会場を決定する
・インタビュー対象者を決定する
・インタビューのシナリオを作成
・記録用紙を作成する

<<グループインタビューの手順>>

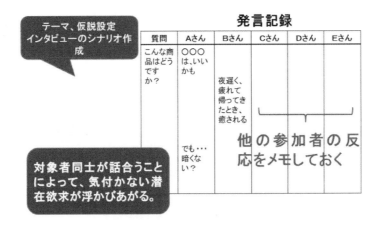

7．フィールドワーク調査

　商品企画のコンセプト等を考える際に、人の生活、暮らしを把握する方法の
ひとつとして、フィールドワーク調査がある。
　フィールドワークとは、調査対象やテーマに即した場所、街、店などに実際
に訪れ、その場所の生活と文化に触れ、対象を直接観察し、関係者には聞き取
り調査やアンケート調査を行い、その上で、現地での史料・資料の採取を行う
など、客観的な成果を挙げるための調査技法である。
　収集するデータは、観察者が見たままの状態や印象などといった数値化でき
ないもの（ことばや文章、写真など）である。

（フィールドワーク調査のポイント）
　調査のポイントは、あたりまえとされていることを疑うことや、現実に起き
ている事象から改善の余地があることに気づくことである。そこから新たなニ
ーズを発見し、そのニーズを満たすアイデアを出していくことができる。
　キーポイントは、同じ立場、同じ状況に身を置いて、その立場になってみる
という感覚を働かせることである。

<<フィールドワーク調査>>

実態の観察と収集
フィールドワークは生活、暮らしを把握する方法
暮らす現場、働く場所に足を運び、そこでの暮らしぶりに触れ観察
する。

目的	利用者の視点で新たな発見をする
ポイント	あたりまえとされていること、見過ごして入りことを疑うこと。そこに改善の余地があることに気づくこと。

8．フィールドワーク・グループインタビュー調査

　フィールドワーク・グループインタビューは、そのテーマに即した場所やフィールドワークで聞き取り調査した人を現地で集めて行うこともある、利用者の実態の観察とグループインタビューによる情報収集である。

開発テーマの顧客になりそうなターゲットに仮説を投げかけ、それに対して意見を引き出す方法

目的	開発テーマや仮説に対して、関心を寄せそうな対象者が、どのような潜在欲求を持っているのか捉え意識や商品のヒントを探りだす
ポイント	得た情報は会話であるため、そのままでは、データとして活用できない。 なんらかの方法で分析後、顧客ニーズとして定性的に把握する。

©JSP

（フィールドワーク・グループインタビューのポイント）
・グループインタビューの際に何が問題になりそうかをメンバーで議論しておく。
・議論で出た項目を構造的にまとめて問題の全体像を明らかにしておく。
・どこに情報があるのか、どこで収集できるのか検討し、調査計画をつくる。
・関係がありそうなことも情報として集める。
・みつけた情報は、記録に残す（メモ、写真など）。

9．日常生活から問題を発見する方法

　日常生活で行う作業は決まりきったことが多い。服を着たり、歯を磨いたり、食事をしたり、ショッピングしたり、テレビをみたり、仕事、学校へ行くなども含むものである。こういった日常の時間は多くの人の時間のほとんどを占めている。
　したがって、平穏な日常を観察し、問題や危機感を発見するためには、自らがその視点を変えることが必要となる。つまり、ここでは、日常の生活からそれらを観察し、見渡すことの出来るようなトレーニングが大切になる。

平穏な日常を観察し、問題や危機感を発見するためには、自らがその視点を変えることが必要となる。

目的	分析、図解化することで何が何と関係しているのかが見えてくる。さらに、それらの満たされない不満や、ニーズが明らかになる。
ポイント	①類似型行動…散歩、仕事、買い物、食事、音楽を聴く、などの単位で、パターンとして分類、表現できるもの。 ②行動の状況・③行動の主体・④行動の対象・⑤手段と方法・⑥目的・⑦結果

©JSP

（観察のための着目点）「発想法」より：川喜田次郎氏
・類型的行動（ひとまとまりの行動）
　（例：散歩、仕事、買い物、食事、音楽を聴く、など行動の単位で、パターンとして分類現できるもの。）
・行動の状況：行動が行われた背景。いつどこで、どんな事情（原因）で行動が行われたか。
・行動の主体
・行動の対象
・手段と方法
・目的：目的は必ずしも結果に結びつくとは限らない。不満は、その目的と結果のギャップから生まれ、課題となる。
・結果

<<例：「料理」と「生活」の関係>>

①いつ、どのようなときに、どのような風にして料理をしようと思ったのか。
②料理をしてどのようなことを思うか、どのようなことをするのか、何を期待するのか。
③料理のための食材・材料などはどこから仕入れたのか、どのようにそれを知ったのか。
④その食材はどのように手に入れるのか、どこでどのように下ごしらえをするのか。
⑤料理するための道具や場所、食べる場所の風景、インテリアなどに何を期待するのか。
⑥実際にどんな風に道具を使うのか、食べるのか。
⑦そのような一連の行動を行う人は、どのような暮らしをしている人なのか。
⑧料理はその人にとってどういう位置づけにあるものなのか。

これらを分析、図解化することで何が何と関係しているのかが見えてくる。さらに、それらの満たされない不満や、ニーズが明らかになる。

１０．店・街からの情報

店、街から情報収集するには、
・関連する商品を販売している「店」を観察するショップウォッチング
・人が住み、働き、遊ぶという「街」全体を観察するタウンウォッチング
が有効である。

（１）ショップウォッチング
　店、市場を観察して利用者のニーズの確認をする。（販売先や顧客からの要望
ではない）商品が販売されている実際の現場に行き、商品構成、顧客の消費動
向などを観察する。

（ショップウォッチングの手順）
・テーマから市場調査の目的を考える。
・調査対象先の情報収集
　先端ショップ、話題のショップなど、事前に情報収集する。
・調査スケジュール設定
ターゲットの生活スタイルと消費パターンの分析。
実際に買い物に行く日や時間帯を設定。
・調査内容を検討しまとめる
街全体の構成や集まる消費者層の分析、ショップの商品構成、価格帯など調査
内容を検討し項目として整理する。これらを通じて、対象とする消費者のライ
フスタイル、自社のメインターゲットの業態はどこかを明確にしていくこと
ができる。

≪関連する商品を販売している「店」を観察する≫

目的	利用者ニーズの確認 対象とする消費者のニーズやライフスタイルを捉える
ポイント	実際に足を運び、商品構成、品揃え、見せ方、店舗デザイン、顧客の動向などを観察する。 ※留意点 販売先や顧客の要望を聞く、調べることではない

≪ショップウォッチング調査結果のまとめ≫

開発テーマ「○○○○○○○」市場調査	
調査先	エリア、ショップなど
目的とねらい	
調査事項	品揃え、価格帯、競合他社のポジショニング、お客の動向など
市場の特性	ターゲット、エリア、ショップの特徴など
商品構成	品揃え
広告、販促方法	企業、店舗別
調査結果まとめ	

（２）タウンウォッチング
　人が住み、働き、遊ぶという「街」は、企画のヒントになる隠された時代の潮流が潜んでいる。タウンウォッチングは、リアルタイムに視聴覚を通じて「観て、触れて、聴く」ことができる。
　ヒット商品の企画のアイデアは、企画担当者の趣味や遊び、個人的な人脈に負うことも多い。
商品企画する人自身が、五感で感じ、感動するという欲求と感性があるということが優位性につながる。つまり、自分が感じること、興味をもつことに発見があるといえる。
　タウンウォッチングは、トレンドがまだ潜在的となっている段階でキャッチすることができる。

（タウンウォッチングの方法）
　企業を離れて日常に戻って楽しむ。気づいたことを記録、写真、簡単なスケッチをするのも効果的である。
・テーマを決める
　テーマや目的は絞りすぎない。「３０代の自己表現のスタイル」というような、少し抽象化した自由度の高いテーマを設定する。
・街を選ぶ
　テーマにふさわしい「街」がどこなのか？目的に直結した「街」を選ばず、その周辺の商品をテーマにするというケースもある。普段から街をブラブラ散歩する「蓄積」も必要である。
たとえば、トレンドを見るときは「家電製品」⇒「家電量販店」⇒秋葉原（電気街）というのは避けたい。むしろ「家電製品」⇒「インテリア・ファッション」⇒「ライフスタイルショップ」⇒「コンセプトショップ」⇒「工芸品店」など、オピニオンリーダー層に与えている感性を見ることが大切である。

（タウンウォッチング実施ポイント）
①お店と店員、お客を観察する
・お店の居心地の良さ、広さ、デザイン、ディスプレイ、サイン、ＰＯＰ。
・販売員のセンス、商品知識、接客対応など質的なもの。
・品物の数、質など品揃え。
・客の数など量的なもの。
・客の年齢、ファッションなど。
・何を買っているか。
・他にどの店の紙袋をもっているか。
・いくらぐらい買っているのか。
・常連客かどうか。
②何か買ってみる、販売員と話してみる
・似たようなものをあれこれ比べてみる。
・試着など、試してみる。
・店員の好みやお勧めなどを聞いてみる。
③食べたり、飲んでみたりする
・訪問した街の店で、なにか食べたり飲んだりしてみる。
・その街との距離が一層近くなる。嗅覚、味覚が刺激され、新しいインスピレーションを引き出してくれる。
④人と話す
街の人と話をする。お店やレストラン、カフェの人でもよいので、誰かと話をしてみる。
⑤出会ったもの、出来事を取りこむ
街やお店を歩いて回っているとなにか偶然の出来事に遭遇する。それは前から欲しいと思っていたモノの出会いであったり、プレゼントのアイデアであったり、懐かしのモノであったり、アクシデントだったり、個人的なことはあるが、その背景に時代の流れのようなもの、問題や改善すべき点など、察知できることが多い。

<<タウンウォッチング>>

「街」全体を観察する
企画のヒントになる隠された時代の潮流が潜んでいる。

目的	潜在的となっている段階のトレンドキャッチする
ポイント	企業を離れて日常に戻って楽しむ。 企画する自身が興味を持っていること

（調査結果をまとめる）
　結果をまとめるためには様々な方法があるが、時間がかからず簡単で、かつ仕事にも使える方法は、スクラップブックを用いると良い。

　ひとつの方法として、「自分のために」一日の流れを、写真、お店や施設のパンフレット、雑誌の切り抜きなどでコラージュ日記風につくってみるのもよい。

１１．定量的調査　　「アンケート調査」

　アンケート調査はインタビュー調査で得た定性的な仮説や感触を定量的に測る重要な手法となる。消費者、購買者調査の最も一般な手法であるが、解析が多いのも事実である。逆に、過大な時間と予算を浪費する調査も多い。インタビュー調査と組み合わせ、事前に深堀りして、十分に仮説を用意してから、実施するとその効果を遺憾なく発揮する。ニーズの発見よりも、仮説検証と定量的評価が第一の目的であり過大な期待と準備不足は禁物である。また、統計の知識（特に多変量解析）があると、後の分析を意図したアンケート票の作成ができ、良い情報を入手できる。

<グループインタビューとアンケート調査の比較>

	グループインタビュー	アンケート調査
性質	定性的調査	定量的調査
定義	個人による発言や行動など、数量や割合では表現できないものの"意味"をリサーチャーが解釈すること	人数や割合、傾向値などの何かしら明確な"数値や量"で表される「定量データ」で集計・分析する調査方法。
目的	仮説の発見 仮説の（定性的）検証	仮説の（定量的）検証 因果関係の発見 ポジショニングのためのデータ収集
対象人数	1回数名（5〜7名程度） （複数回実施が望ましい）	数十名〜数千名
時間・費用	外部に委託する場合は、 1人当たりの単価は高い	☞さほどかからない
場所・設備・司会	リラックスして話せる部屋 録音（録画）設備、司会者が必要	特に不要
流れと質問内容	☞あらかじめ設定した質問を忠実に聞き取るが、状況次第で追加で必要なことを聞く。	予め設定したとおりに実行
回答者同士の対話	極めて重要であり、必要であるが必ず司会者を介して行う。 個人の放談会にならないように注意	まったくない
実施上の留意点	対象者の選定 司会者の力量、進め方 分析方法	対象者の選定 設問、選択肢の選定、表現 分析方法
得られる情報	非定型的言語データ	数値データ ＋ 定型的言語データ
分析方法	KJ法（親和図法） 連関図法（※） 系統図法（※） ISM法（※）	集計、クロス集計 多変量解析（※） 自由意見の集約

※連関図法：原因と結果などが絡み合った関係を論理的につないで問題を解明する手法
※系統図法：目標等設定したゴールに至るまでの手段となる事柄を系統づけて展開していく手法
※ISM(Interpretive Structural Modeling)法：変数間の関係で全体構造を明らかにするための手法
※多変量解析：複数の結果変数からなる多変量データを統計的に扱う手法

《参考》※質的市場調査
質的市場調査は、次の三つの種類に分けられる。
①実証主義的(positivist)市場調査　科学的で実験主義的な調査
②解釈的(interpretive)市場調査　仮説または理論生成的探求による調査
③批判的(critical)市場調査　批判的要素探求による調査

Ⅴ　経営・マーケティング編

第1章　経営マネジメントの基本

《経営理念、経営ビジョン、経営戦略などの関係》

戦略の階層（機能別戦略と事業戦略は同一階層）

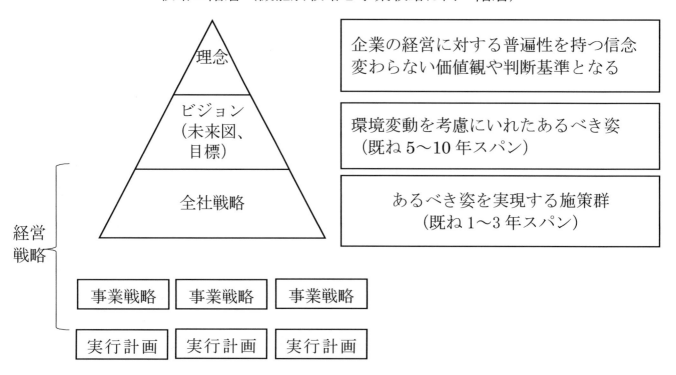

1．経営理念

　経営理念は、組織の存在意義や使命を表したもので、「会社や組織が何のために存在し、経営をどういう目的で、どのように行うか」を内外に表明したものである。

　ここでは、企業A社として参考になる経営理念を示す。

（経営理念の例1）

　広く中小企業ベンチャー企業に潜在している商品を発掘し、顧客のベネフィットを創出できるよう橋渡しをし、かつ相互の共存共栄を目指す企業となる。

（経営理念の例2） ※例1を箇条書にしたもの

　①中小企業ベンチャー企業に潜在している商品を発掘する。

　②顧客のベネフィットの創出を図る。

　③メーカーとの共存共栄を目指す。

2．経営方針

　経営方針は、その期間（短期計画の場合は6ヶ月ないし1年）において経営理念と経営ビジョンなどの目的を具体化したものである。

（A社企業初年度の経営方針の例）

　①長年培ってきた専門分野（食材関連）に注力した営業活動を展開する。

　②食材関連の新素材の発掘・販売を推進する。

　③これまでの人脈、特に販売先となる人脈とのパイプを再確認し、営業活動を強化し新たな関係構築を図る。

　④資格等を取得するとともに積極的に交流会等に参加する。

3．各種戦略（重点政策）

　各種戦略は、一般的にはマーケティング戦略、営業戦略などの個別の具体的な施策を立案するものであるが、A社初年度として下記の例を挙げる。

（A社企業初年度の各種戦略の例）

　①商品・サービス戦略

　・異業種交流会などを通じて新食材を発掘する。

　・食品関連フェア等において新食材を発掘する。

　・従来自ら扱ってきた食材の新販売先を獲得する。

　②顧客獲得戦略

　・旧知の人脈への積極的訪問。（挨拶だけではなく、事業の目的、事業の存在意義を認知してもらう。）

　・縁故をたどって新販売先を開拓する。

　③バックオフィス戦略

　・顧客の満足を得られるようIT設備を充実させる。

　・顧客管理シートを作製する。

　④人　員獲得

　・第4四半期には、営業人員3名の獲得を目指す。

４．行動計画（戦術）

行動計画は、各種戦略を実際の行動目標化、業務目標化を立てたもので、日常の行動指針となり、また進捗管理を行うと効果的である。前記の各種戦略の例に基づき行動計画の例を挙げる。

<＜行動計画の例＞>

重点施策（各種戦略）	具体的行動予定（戦術）	期間	目標数値	担当	備考
1．商品・サービス戦略 1-1 異業種交流会を通じて新食材を発掘する。 1-2 食品関連フェア等において新食材を発掘する。 1-3 従来自ら扱ってきた食材の新販売先を獲得する。	1-1-1 交流会参加 1-1-2 新食材発掘 1-2-1 ジャパンショップショー、シーフードショー	5月、11月交流会参加 開催時全参加	全回数 5品目 1品目 1件 年間50回	自分 自分 自分	
2．顧客獲得戦略 2-1 旧知の人脈への積極的訪問（挨拶だけではなく企業としての存在意義を認知してもらう）	2-1-1 旧知人脈訪問	3月	紹介をもらう件10件	自分	取引件数
2-2 縁故をたどって新販売先を開拓する。	2-2-1 同窓会の活用、NPOの活用	7月	3名	自分	内1件取引開始目標
3．バックオフィス戦略 3-1 顧客の満足を得られるよう IT 設備を充実させる。	3-1-1PC等 IT 機器、什器備品 3-1-2HPの開設	年間 4月		自分 外注	
3-2 顧客管理シートを作成する。	3-2-1 エクセルで作成	12月		自分	顧客別シート
4．人員獲得 4-1 第4四半期には、営業人員3名の獲得を目指す。	4-1-1HPの募集、縁故募集	4月スタート		自分	

５．事業計画の体系

事業計画は（1）期間による計画と（2）数値による計画と非数値による計画があり、それらを事業目標に応じて計画的に立案していくことが必須である。

（1）期間による事業計画

長期計画	5～10年または10年以上：長期ビジョンとしてまとめられることが多い。
中期計画	3～5年：3年の場合が多い。5年の場合は株式公開を目指すなどある目標を達成するための中長期的視点が求められる場合が多い。

| 短期計画 | 6ヶ月から1年：もっとも多く策定されるものであり、予算と同じ意味あるいは予算は短期計画の一部をさす場合が多い。 |

<計画の期間と戦略性>

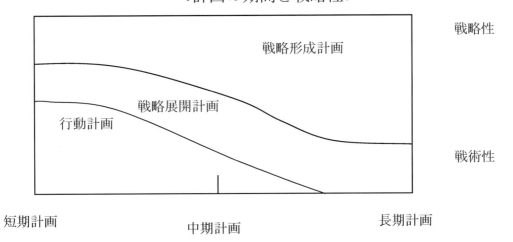

（2）数値による計画と非数値（言葉、定性的）による計画

数値による計画（定量的）	損益計画	
	売上計画	
	生産計画	
	購買計画	計画原価
	人員計画	
	経費計画	人件費、販管費および労務費、製造部門経費等
	設備投資計画	
	研究開発投資計画	
	財務計画	資金計画
非数値計画（定性的）	経営理念	
	経営方針	
	戦略	企業や組織の方向性や進路を示す方針や指針
	戦術	戦略を達成するための具体的手段（行動計画）
部門別の計画	営業部門	販売（売上）計画など
	企画・マーケティング部門	広告宣伝計画など
	生産部門	生産計画、設備投資計画など
	購買部門	購買計画など
	研究開発部門	研究開発計画など
	管理部門	人員計画（含む採用計画）、財務計画など

6. 事業計画のチェックポイント

（1）目標の設定がされているか

内部的要因で設定	対前年伸張率（主として売上高、経常利益など）
	採算性
	コスト性
	顧客数、新規開拓
	販売数量
	新技術
	新規事業社内シェアなど
外部的要因で設定	市場での獲得シェア
	市場における普及率など

（2）経営方針・戦略等が明確か

経営方針	
各種戦略（重点政策）	各種戦略は、一般的にはマーケティング戦略、営業戦略・・・・などの個別の具体的な施策を立案するものである。
行動計画（戦術）	行動計画は、各種戦略を実際の行動目標化、業務目標化を立てたもので、日常の行動指針となり、また進捗管理を行うと効果的である。

（3）損益計画は策定されているか

損益計画、売上計画、生産計画、購買計画（計画原価）、人員計画、経費計画（人件費、販管費および労務費、製造部門経費等）設備投資計画、研究開発投資計画が策定されているか（場合によっては、部門別の計画も）。資金計画は策定されていても入手や確認は困難である。

（4）計画の実現可能性を評価するポイント

計画の実現可能性を評価するポイントは、以下の点にある。

・数値計画と非数値計画との整合性があるか。

・実現可能性検証が実施されているか。

・進捗管理（ＰＤＣＡ）、差異分析が行われているか。

（5）数値計画と非数値計画との整合性の確認ポイント

この確認は最も重要であり、多くのチェック・確認すべき点があるが、重要

なもののみ掲げる。

①売上数量が本当に確保できるか

・ターゲット市場の規模と販売チャネル構築に無理はないか。

・対象商品・サービスを含む商品ごとの生産能力はあるか。(生産、購買計画との整合性)

・行動計画と販売量はマッチングがとれているか。

・商品・サービスによっては、返品を見込んでいるか。

・実際に売上計上できる時期(実績がでるまでの潜伏期間)を見込んでいるか。

②設備、人員等の投資に無理はないか？

③経費の見積は大丈夫か？

④資金面でのポイント（参考）

※実際には確認しにくいので、主な点を掲げて参考にとどめる。

・資金調達は本当に可能か。

・調達資金が借入金予定の場合は、その返済に無理はないか。

・回収サイトは実現性があるか。

（6）実現可能性検証が実施されているか

　実現可能性検証はテストマーケティングであり、計画全体の整合性確認でもある。これは、大企業でも計画全体の検証が行われていない場合が多く、メーカーに確認をしたいのは、その実現可能性検証と対象商品・サービスについてである。

（7）進捗管理（ＰＤＣＡ）、差異分析が行われているか

①進捗管理

　進捗管理は、立てた計画と実際とを比較することである。

・数値計画に対してどの程度の達成率か、差はいくらか。

・月次、期間累計について、行動計画に対してその進展状況はどうか、したか、しないか？どの程度、訪問件数など当初の計画と違うか？

　以上をしっかり把握することが重要である。

②差異分析

　計画との差が何に起因するか、を考察して明確化することである。例えば、

営業の場合、月間の総訪問件数を述べ３０件計画していたのに、２５件しかできなかった理由は何か。

　③ＰＤＣＡによる進捗管理、差異分析、対策立案（参考）計画の進捗管理、差異分析、対策立案は実践において重要でありＰＤＣＡのサイクルで行われているのが良い。

<PDCAサイクル>

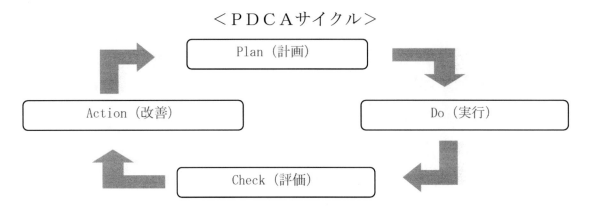

第2章　財務分析の基礎

1．財務諸表の種類と目的

財務諸表	目的
貸借対照表（B/S）	会社の持つ資本・負債・資産
損益計算書（P/L）	利益を計測し、1年間の経営成績を示す
キャッシュフロー計算書（　C/F　）	現金不足になっていないかを確認する

2．財務諸表の概要

* ＊　企業会計では、企業の経営活動として資産や現金が移動する経過を、複式簿記で貸借対照表と損益計算書に表す。
* ＊　その結果、一つの取引結果が各々の諸表に関係性を持って記載されることになる。
* ＊　また現金の入出を、営業、投資、財務の要素ごとにキャッシュフロー計算書で把握できるようにしてある。

3．財務諸表の見方

・貸借対照表…期末時点の企業の財政状態を表す。

資金の運用（資金の使い道）			資金の調達
流動資産		流動負債	
		固定負債	
固定資産		純資産	

・損益計算書…一会計期間における企業の経営成績を表す。

費用	収益
当期純利益	

　利益には、売上総利益、営業利益、経常利益、税引前当期純利益、当期純利益、当期末処分利益がある。

《損益計算書と様々な利益との関係》

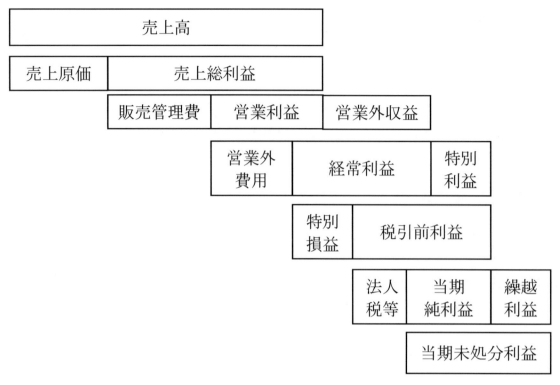

* キャッシュフロー計算書…現金の入出を、営業、投資、財務の要素ごとに
把握する。

《キャッシュフロー計算書》

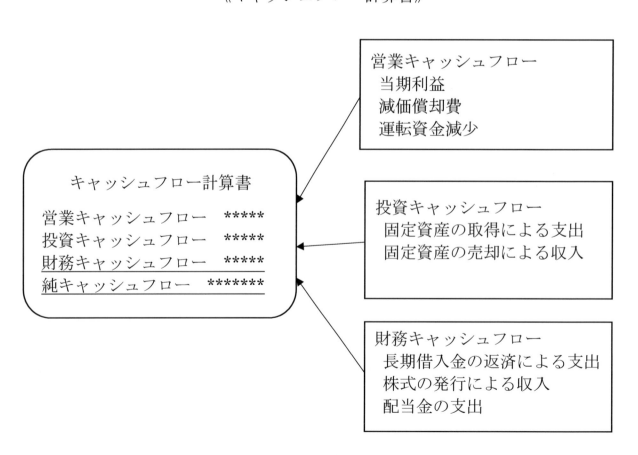

損益計算書（例）

項　目		金額（万）	率％
Ⅰ　売上高		8,800	
Ⅱ　売上原価			
1 期首商品棚卸高		200	
2 当期商品仕入高		6,200	
合計	a	6,400	
3 期末商品棚卸高	b	300	
売上原価計	a−b	6,100	c／売上
売上総利益	c	2,700	30.7%
Ⅲ　販売経費及び一般管理費			
給与		1,000	
販売促進費		300	
旅費交通費		320	
消耗品費		300	
支払家賃		400	
貸倒引当金繰入		10	
減価償却費		−	
販売経費及び一般管理費計	合計 d	2,330	e／売上
営業利益	c−d＝e	370	4.2%
Ⅳ　営業外収益			
受取利息		100	
Ⅴ　営業外費用			
支払利息		20	
有価証券売却損		205	
有価証券評価損		100	
営業外費用計		325	
経常利益		145	
Ⅵ　特別損失			
投資有価証券売却損		50	
税引前当期純利益		95	
法人税、住民税及び事業税		40	
当期純利益		55	

4．財務分析

①収益力分析

・ＲＯＡ（総資産利益率）…総資産をどの程度効率よく使用して利益を上げているかを示す。

ＲＯＡ＝利益÷総資産　※利益には支払利息控除前経常利益を使用することが多い。

$$ＲＯＡ＝\frac{経常利益＋支払利息}{総資産}＝\frac{１４５＋２０５}{３，９００}×１００＝９．０％$$

・売上高総利益率…利益率の高い商品を販売しているか否かを示す。

売上高総利益率＝売上総利益÷売上高

$$売上高総利益率＝\frac{２，７００}{８，８００}×１００＝３０．７％$$

・売上高営業利益率…本業の利益率が高いかどうかを示す。

売上高営業利益率＝営業利益÷売上高

$$売上高営業利益率＝\frac{３７０}{８，８００}×１００＝４．２％$$

・売上高経常利益率…通常の企業活動における利益率を示す。

売上高経常利益率＝経常利益÷売上高

$$売上高経常利益率＝\frac{１４５}{８，８００}×１００＝１．６％$$

②安全性分析（実務的に有用な代表的な比率）

・自己資本比率…自己資本比率は調達した資金のうち返済しなくてよい資金の比率で財務的安全性を示す。

自己資本比率＝資本÷（負債＋資本）※数値が高い方が安全性が高い。

$$自己資本比率＝\frac{２，１５５}{３，９００}×１００＝５５．３％$$

・当座比率（数値が高い方が安全性が高い）…当座比率は短期の支払い能力を

判定する。

当座比率＝当座資産÷流動負債　※当座資産とは現金預金、受取手形、売掛金、有価証券等。

$$当座比率 = \frac{500+200+480}{745} \times 100 = 158.4\%$$

・固定長期適合率（数値が低い方が安全性が高い）…固定長期適合率は固定資産への投資を長期資金で賄っているかどうかを示す。

固定長期適合率＝固定資産÷（自己資本＋固定負債）

$$固定長期適合率 = \frac{2,350}{2,155+1,000} \times 100 = 74.5\%$$

※流動比率＝流動資産／流動負債も安全性の指標としてあるが、流動資産の中には「商品、材料等の棚卸資産」が含まれており、在庫が多いほど数値が高くなってしまうという問題点もある。

（3）損益分岐点分析

　損益分岐点とは、費用の額と収益の額が等しくなる売上高であり、損失も利益も生ぜず、ちょうど採算の取れる売上高のことをいい、利益を上げるために必要な売上高の水準が分かる。費用は、売上高に比例して増減する「変動費」と、売上高の増減に関係なく一定額が発生する「固定費」とに分解できる。変動費には原材料費、運送費、販売促進費などがあり、固定費には減価償却費、人件費、地代などがある。売上高に対する変動費の割合を変動比率と言う。（変動比率＝変動費／売上高）

$$損益分岐点売上高 = \frac{固定費}{1-変動比率}$$

ある会社の変動比率を60％、固定費を1,000万円とすると

$$損益分岐点売上高 = \frac{1,000万円}{1-0.6} = 2,500万円$$

売上高	２０００万円	２５００万円	３０００万円
変動比率	0.6	0.6	0.6
変動費	１２００万円	１５００万円	１８００万円
固定費	１０００万円	１０００万円	１０００万円
利益	▲２００万円	0	２００万円

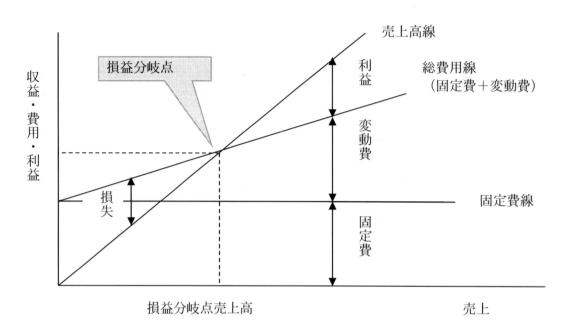

Ⅵ　マネジメントマーケティング編

第1章　マネジメントマーケティングの基本

1．マネジメントマーケティングの考え方

　マネジメントマーケティングは、「経営ビジョン、経営計画において常にマーケティングが先行し、新たなマネジメントを生み出し、事業を創出する」という考え方を基本とする。

　マネジメントのすべては「取り巻く環境に対応できるかどうか」であり、分野や業界によってその時間差が長いか短いか「企業全体を見る＝市場の視点」が重要である。

　常に「市場の視点」に立って企業全体、製品戦略、販売促進などを策定実践し、①商品、②販売、③販売促進、④技術のブラッシュアップを行う。商品、販売、販売促進、技術の順序が重要であり、これは作業・思考の順序である。

　マネジメントマーケティングは、新たなマネジメントを生み出し、事業を創出することである。
マネジメントマーケティングは実行し、市場に適応することのできる実践の理論といわれている。
『新たなマネジメントを生み出すマーケティング』といわれる理論として、公的研究委員会などの研究課題における実践から体系化し、小塩稲之が提唱した理論である。

　代表的な実践的会議体にMMC戦略会議（Management Marketing strategies Conference）がある。

2．マネジメントマーケティング戦略

　マネジメントマーケティング戦略（MMP戦略）では、マーケティングとマネジメントの双方に重点をおいた経営計画の立案により、顧客を獲得・維持・継続する。

　戦略には意思決定が不可欠である。意思決定しないと、現状維持に陥りやすい。
　・意思決定
　やり直しのきかない資源（ヒト、モノ、カネ、情報）の配分を、覚悟を決めて決定すること。

・意思決定の枠組み

　不確定要素を知る（リスクの把握とリスクの低減）。

　常に複数の選択肢（代替案）を考える。

　価値判断基準を明確にして選択肢を評価する。

3．マネジメントマーケティング戦略会議（MMC）

　マネジメントマーケティング戦略会議（MMP戦略会議：MMC：Management marketing strategies conference）では、経営、商品、販売、販売促進、製品開発支援等の「ビジネスプラン、ブラッシュアップ戦略、販売戦略等」における事業化支援活動を目的に、専門知識を有する複数のジャンルの異なるプロモーションコーディネーター、マネジメントマーケティングコーディネーター等を選定し（4～5名）、戦略会議を実施することで、当該企業の課題解決から方針の決定、調査、販路開拓支援までの実行作業を行う。

・MMP戦略会議テーマ事例

　経営戦略、販売戦略、市場調査、販路開拓、商品開発、企業評価、製品評価、技術開発など。

4．MMP戦略会議の8つのステップ

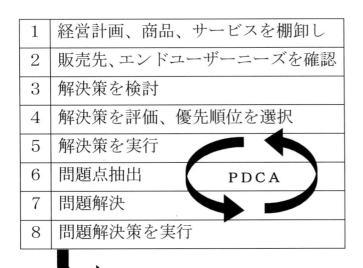

1	経営計画、商品、サービスを棚卸し
2	販売先、エンドユーザーニーズを確認
3	解決策を検討
4	解決策を評価、優先順位を選択
5	解決策を実行
6	問題点抽出　　PDCA
7	問題解決
8	問題解決策を実行

　　　　　経営計画　営業計画　作成・実行

5．MMP戦略会議におけるビジネス実行支援事例

・企業経営者とプロモーションコーディネーター、マネジメントマーケティングコーディネーターとの面談
・対象品の確認（固有技術）
・類似商品との比較検討
・売れ筋商品との差の分析
・問題点の把握
・チャネル選定と数値予測

6．MMP戦略会議のメンバー参画の事例

　ビジネスプランナー、（商品）コンセプター、ネーミング（商標登録）、商品開発、本体デザイン、商品計画、生産計画、試作品調査、パッケージ、販売促進（ツールまで）、（現行）製品調査、仕入・バイヤー、購買者調査、（消費者）モニタリング調査等のプロモーションコーディネーター、マネジメントマーケティングコーディネーターなどを起用する。

　プロモーションコーディネーター、マネジメントマーケティングコーディネーターによるビジネスプラン、製品プラン、ターゲット候補選定、市場調査設定、販売戦略、販売促進戦略などを検討し、提案していく。

7．MMP戦略会議の展開事例

（１）企業内リーダー育成を兼ねたMMP戦略会議の事例
　プロモーションコーディネーターによるコンサルティング技法の社内研修を含めた、経営者への計画提案と実践研修。社内の組織各部ごとの課題を参加者全員が共有し、その情報を結集することで問題解決を図る。幹部が現場の課題、声から作りあげた計画により、現場感覚の目標を構築でき、また幹部参画により計画達成に責任を持つことができる。
・進行例
　①企業内において幹部候補者などによるプロジェクトチームを招集。
　②プロモーションコーディネーターがMMP戦略シートをベースにMMP戦略会議とマネジメントマーケティングにおけるコンサルティング技法を指導。

③実際のMMP戦略会議を行い経営者に提案、実践へ。

（2）専門家チームによるMMP戦略会議の事例

　専門家チームによるMMP戦略会議は、専門知識を有する複数ジャンルの異なる専門家を選定し、経営者を交えて戦略会議を実施することで、当該企業の課題解決から方針の決定、調査、販路開拓支援までの実行作業を行う。企業経営者への経営・商品・販売・販売促進、製品開発支援等の「ビジネスプラン、ブラッシュアップ戦略、販売戦略等」における事業化支援が目的である。

・進行例

　①課題解決の検討

　②市場調査の実施と報告

　③商品化へのアドバイス

　　・最終商品化への支援。

　　・流通経路別の価格体系、販売方法の提案。

　　・商品のカタログ・展示会などの支援。

　　・パッケージ、梱包方法の検討。

　　・受注後のリードタイム・納期・物流の検討。

　　・セールスレップとのマッチング。

8．MMP戦略会議リーダーの基礎知識

（1）MMP戦略会議リーダーの基礎

・ゴールを選択しそれを達成するための最善の方法を見つける。

・個性や考え方が異なる人々とのコミュニケーション、意思とアイデアの組み合せ。

　発言は相手の立場になって考え、テーマの本質を見抜き検証する。

（2）MMP戦略会議リーダーの役割

　MMP戦略会議リーダーの最大の役割は、プロモーションコーディネーター、マネジメントマーケティングコーディネーターとしての役割をよく理解し、MMP戦略会議を実りある討論にすることである。

＜討論のルールのポイント＞

・相手の考えを理解し本音で討論する。

・他人の経験に謙虚に学ぶ。

・発言は要領よく時間を区切り独演会を避ける。

・問題提起から「自分自社ではどうか」を語る。

（３）ＭＭＰ戦略会議の進め方

　常に発言内容を把握し分析をしておく。本質のテーマに迫る内容なのか、単なるノウハウなのかを切り分ける。ノウハウの場合は知識として知っておけばよいのであまり討論の必要はない。

　この場合、答えが出ない場合もある。また、途中で意見が変わることもある。これが討論の成果といえる。場合によっては、別の切り口から迫る必要や、別の観点から見ると同じ事を言っている場合もあり、リーダーの技量が試されるところである。リーダーの役割を果たすためには、スピード決断も必要。討論の論点をどこに絞るかが難しい。

（４）ＭＭＰ戦略会議のまとめ方

　討論で出た内容と結論を整理する。用語や概念に寄りかからない。実践を中心に検証する。

（５）ＭＭＰ戦略会議リーダーのポイント

・短期中期長期計画を切り分けてまとめる。

・今現在のできない理由を考えるのでなくできる方法を考えることが重要。

・全員の潜在的可能性を引き出すことが重要。

・可能と不可能を人、物、金、情報、商品、販売、販促、技術に分けて整理する。

・副産物的な項目は重要度を精査し別途会議を設けることも視野に入れる。

・自分も討論の一員であり同時にまとめることを分けて考える。

・次回の懸案事項と進行状況をチェックする。

９．ＭＭＰ戦略シート

　ＭＭＰ戦略の実践で活用するツールとして、ＭＭＰ戦略シートがある。ＭＭＰ戦略シートは、ケースにより最適なモデルを選択し、必要に応じて最適化しながら使用する。代表的なものとしてＭＭＰ戦略シート事業構図モデルＡを取り上げる。

　MMP戦略シート事業構図モデルAは、大きく分けて、①マーケティング環境・外部マクロ環境分析、②３C分析、③SWOT分析、④基本戦略、⑤４P戦略の活用による事業戦略の５つから構成されている。

＜MMP戦略シート事業構図モデルA＞

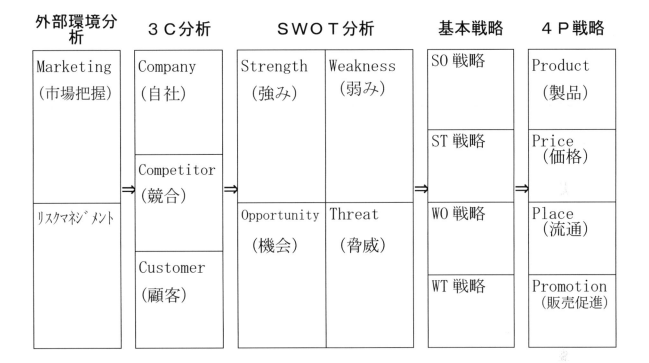

外部環境分析	３C分析	SWOT分析	基本戦略	４P戦略

１０．MMP戦略会議実践研修

　MMP戦略会議実践研修（MMP：Management marketing program）とは、MMP戦略会議を研修として活用し、人材育成を軸に体系化した実践的な戦略会議型研修のこと。プロモーションコーディネーター、マネジメントマーケティングコーディネーターが、協会の育成の場として、また企業研修の場として活用できるプログラムの手引書としている。

Ⅶ　MMPコミュニケーション　プレゼンテーションの基礎編

第1章　MMPコミュニケーションの基本

商品企画は『複数の人間』が、一致した特定の目的を『組織的に遂行』するためにも必要である。ある企画のもとに、複数の人々が演出され、行動して目的を達成していくのである。

したがって企画が、複数の人々の『考え方を調整』し、組織を『統合した行為』を引き出していくことになる。

考え方の違った組織構成員が、企画を承認する形式で統合され、企画の実行に参加する。参加者は、企画を通じて相互に調整されている人たちとコミュニケーションをはかることになる。

なぜならば、現在は一人の考え方や力量によって、売れる新商品を開発するのが難しくなっていて、みんなが分業し協力しながら、やっていかなければならないからである。また技術分野の構造も細分化され、それらが複合化されて、高度化社会に対応するような市場の仕組みになっている。

このように複雑な状況下で、企業の各組織構成員が各々、別々な考えをもって新商品開発に臨んだのでは、組織全体の力を結集した強力な商品の開発は難しい。そのため、マネジメントマーケティングのような考え方を身につけ取り組んでゆくことが必要になる。

1．MMとアイデア発想法の活用

（1）いろいろなアイデア発想法

思い付きからブレークする多くのエピソードがある。アルキメデスが「入浴中に身体が軽くなって浮力を発見」したり、ニュートンが「リンゴが落ちるのをみて万有引力を発見」したりの類いである。アルキメデスは、このヒラメキから「王冠の中に交ざった安物の金属」を「比重の違いから見付ける」アイデアに発展させる。思い込みだけでは、お客様である王様のニーズに応えられない。浮力を知ることは、それ自体が立派な大発見であり、数千年以上たった今でも『アルキメデスの原理』として残っている。

このようなひらめきやアイデアを発掘するための、いわゆる発想技法は３０種類以上もあるといわれている。

＜アイデア発想法の原則＞
①アイデアはできるだけ多く出すこと

②質より量を重要視する
③批判は一切しない
④他人のアイデアを借りて発展させる

＜よく使われるアイデア発想法＞
・グループインタビュー
・アンケート法
・ポジショニング分析
・チェックリスト法
・ブレーンストーミング
・ブレーンライティング、アイデアの泉

よく知られる着想や発想の技法は、図表のようなものがある。

<一般的に知られるポピュラーな発想技法>

技法	概要	留意点
ブレーン・ストーミング（ＢＳ）	・ 心理学者のオズ・ボーン博士が考案し、最も普及した発想技法。参加者が思い付くまま自由に発想し、その発想を発言し合う。 ・ 他人の考え方に連想し、各自が発想を膨らませるため、自由奔放に発想しかつ発言できる人に向く。 ・ 新商品開発、販売促進策、コストダウン手法など、広い分野に適応。	・ 幅広い階層の人でメンバーを構成する。5～7名の集団で行う。 ・ 発想は直ぐに記録し、それを見ながら連想を膨らませる。
ブレーン・ライティング（ＢＷ）	・ 考案者が自由に発想して考えを書きとめる。 ・ 発想対象が明確なら、一人でも思考でき、発言に不慣れな論理思考的なタイプの人に向く。 ・ 沈黙のＢＳといわれるとおり、適応範囲はＢＳと同じ。	・ ライティングが決め手なので、日頃から発想をメモしておく習慣が大切。
カード・ブレーン・ストーミング（ＣＢＳ）	・ カードに各自の考えを記入し、持ち寄る。 ・ 個人的なＢＷを集団的なＢＳとして展開する形式。 ・ マーケティング、新商品開発など緊急を要さない分野で、基本的な問題解決などに適応。	・ カードのスタイルを決めておき、後日みんなで整理していく。
チェックリスト法	・ 発想を狭い範囲に偏らせないため、チェックリストに沿って思考を繰り出す。 ・ 発想の視点や方向性を対象別にチェック項目としてリストアップ。チェック項目を考えること自体がアイデア。 ・ 製品の改善・改良、新商品のアイデア開発など。	・ 思考対象別にチェックリストを準備
カタログ法	・ 商品カタログに表示されている特徴・狙いどころをヒントに引用し、関連思考を展開。 ・ 集団、個人ともランダムに試みられる。製品の改善・改良、新商品のアイデア開発分野など広く適応。	・ 平素からのカタログ収集及び整理が成功の決め手。

欠点及び希望点列挙法	・ ある製品の欠点（現状分析型改良）または希望点（抜本的改良）に限定してアイデアを誘導。 ・ 抽出・列挙後、改善案と達成方法を考案。 ・ 製品の改善・改良に適応。	・ 問題を限定して集中させる。
属性列挙法	・ 思考対象固有の属性を細分化して列挙。 ・ 属性ごとに示す方法を限定させ、アイデア・改善案等を個別に思い付かせる。 ・ 集団でも個人でも発想できる	・ 対象の属性区分や細分化は集団で行い、共通認識を得る。

＜その他やや専門的な発想技法＞

CBS系	連環発想法：はじめに誰かが発想を紙に書いて次に送り、送られた参加者は前の発想をヒントに自分が発想し、順次繋げていって発想の連環過程から全員の思考を収束させる。
列挙法系	形態分析法：事象形態の主軸事項を組み合わせて分析。列挙法と問題点へのアプローチが違うだけでグループに技術者を要せずに発想できる。
チェックリスト法系	焦点法：関連が薄いと思える事象を強制的に結びつけ、こじつけ的に発想。
カタログ法系	シネクティクス：分析対象と本質的に似ている事項を探し、改良案などを思い付かせる。
考案者の名前がついた専門技法	ゴードン法やMK法 川喜田二郎氏が考案したKJ法など。

第2章　「ＭＭＰ」の実践事例

「ＭＭＰとは」

　ＭＭＰとは、マネジメントマーケティング・プログラムの略で、実践である
ＭＭＣ（ＭＭＰ戦略会議）プロジェクトのロールプレイング研修である。研修
は、グループワークにより行なわれるＭＭＰは、後述の比較表にあるようにケー
スメソッドの思考プロセスを体得させていく学習方法に比べ、『超ケースメ
ソッド』（思考プロセスから解決策決定までの学習方
法）といわれ、ＭＭＣの基本を通じてその実例テーマ
から、実践に裏付けられた課題抽出、問題解決、解決
策決定のための学習方法である。

　テーマのビジネス上の課題を抽出し、その課題に対
して各自が戦略を立てた後に、ディスカッションを行
うことで意思決定に必要な「思考プロセス」を体得させていくとともに、その
「解決策を選択」する。

　プロジェクト的なモノの見方は必ずしも組織やビジネスにおけるものだけ
ではなく、日々の生活の中にも、ＭＭＣのコンセプトのひとつである「問題解
決を図る」という考えが身につき、この手法を自在に使えると、個人のキャリ
アデザインや、夢を達成する時の大きなソースになる。また、漠然としていた
計画や将来などが明確に見え、描けるようになるのも、ＭＭＰ学習の大きな魅
力である。

　今、仕事に従事している方のみならず、就職活動前にビジネス基礎知識を身
につけたい学生や、やりたいことを見つけたい人たちがこのスキルを身につけ
ると、より自分の可能性が広がるだろう。

　ＫＪ法の考案者は川喜田二郎氏である。集まった膨大な情報をいかにまとめ
るか、試行錯誤を行った結果、カードを使ってまとめていく方法を考え、ＫＪ
法と名付けたことによる。また、チームワークで研究を進めていくのに効果的
な方法として、まとめた研修方法を『発想法』（１９６７年）として刊行した。

　定性的情報をボトムアップ的にまとめる方法で、あるテーマに関する思いや
事実を単位化し、グループ化と抽象化を繰り返して統合し、最終的に構造化し
て状況をはっきりさせ、解決策を見出す方法（問題解決の技法）である。

　ＫＪ法を活用して、本格的なまとめとするには時間がかかるものであるが、

私たちの研修では、これをMMPの研修のひとつの方法として、課題解決を図らねばならないテーマごとにロールプレイングとして取り入れることで手順を構築し、その仕組みの元に実践に基づく形で実施するものである。

1．4P戦略構築の手順

（1）概要

①テーマ設定…解決したい、またはまとめたいテーマを定める。

②単位化（元ラベル化）…テーマをめぐる事実や思いを一つ一つの意味のまとまりごとに単位化して一文の形で出していく。付箋などを使用する。

③グループ編成［グループ化（ラベル集め）・抽象化（表札つけ）］…似ている項目をグループ化し、それぞれのグループについて、そのグループ内の項目がなぜ集まったのかを要約した表札を付け、その下の階層の項目は隠す。

この作業をグループが五つか六つになるまで繰り返す。

そして、最終的にまとまったグループにシンボルマークを付ける。

④構造化（図解化）…グループ同士の関係を考えて空間配置し、関係記号を付けて図解を完成させる。

2．KJ法を活用したMMP研修事例

MMP研修は、グループワークにより行なわれる。下記に「地域の価値をビジネス化」をテーマに、4P戦略策定を行った事例を紹介する。

（1）概要

参加者自身が持つ知識や経験の中で、技術やアイデアを出し合い、グループごとに独自の4P戦略を組み立てて発表する。

（2）研修の方法と手順

①準備とグループ分け

・講師よりテーマを設定する。

　事例：「地域の価値をビジネス化する」

・1グループ7～8名程度まででグループ分けを行う。

・グループごとに、リーダー、書記、発表者を決めておく。

・アイデア出し、意見の集約で、KJ法を活用する。

・模造紙を準備する。

　４Ｐ戦略を四つのマスに分けて、そのマスごとに付箋紙を貼付けられるように、壁やボードに模造紙を掲出する。

・付箋紙を４色準備する。

　アイデア、意見は付箋紙に記入し、四つのマスに分けた４Ｐ戦略ごとに付箋紙を貼り付けていく。

　付箋紙は、商品：青、価格：緑、流通：黄、プロモーション：赤、と色分けし、分類して記入する。

　②はじめに４Ｐ戦略における「商品の対象地域」を決定する。

　③商品の対象地域が決まったところで、次に価格、流通、プロモーションの順に協議していく。

　④アイデア、意見を集約し、類似のものを整理する。その上で、ＭＭＰ戦略の基本に立って、優先順位を協議しながら実行する項目を決め、最終的にその４Ｐ戦略の実行策を行うことでの課題及びその解決策を決める。

・カードをＫＪ法で統合し、結論を導き出す。

・付箋紙を貼ったり剥がしたり移動しながら最終的に集約し、優先順位を付けて決定する。

・最後にＭＭＰシート（後述のＭＭＰシート新商品開発コースを参照）に各自まとめる。

　⑤グループごとに発表者を決め発表する。

　⑥講師より講評、意見交換をして終了する。

（３）研修におけるポイント

・メンバーは自分自身が現実に実行可能か、もしくは自分の関与先で実行可能な提案をする。

・優先順位を判断する上では、一般論によるもの、実行不可能なものを土台にした提案にならないように注意が必要である。

　企業には規模＝サイズがあり、「過去」と「現在」と「未来」がある。「過去」は結果としての企業診断および企業の評価で判断し、「現在」はその企業のサイズにあう「事業化支援」を行うこと、「未来」は企業の目標を数値に置き換えながら、そのスキルと知識を皆で共有し、ＭＭＰによって「協業」が行えることを忘れてはならない。また、参加する個々人がその目的が果たせるよう、技能を習熟させていくことが重要なことと言える。

第3章　「グループワーキング研修」のテーマ事例

1．研修の設定

１．マーケティングの基礎　「ニーズ」と「ウォンツ」の違い
＜テーマ＞ 「ニーズ」と「ウォンツ」の違いが比較できる具体的な事例を通して、マーケティングの概念を理解する設定研修。
＜理解することのできるポイント、キーワード＞ マーケティングとは何か、ニーズ(あのブランドが欲しいがニーズ)とウォンツ(楽しいことをしたいがウォンツ)の違い(あのブランドが欲しいがウォンツ)、顧客志向マーケティング
＜前提知識＞ Ⅰ．マーケティングの基礎　「ニーズ」と「ウォンツ」の違い、プルとプッシュ、イノベーター理論
＜ケース概要＞ 「ニーズ」と「ウォンツ」の違いがわかる比較事例を考えなさい。(セリングとマーケティングの違いや顧客志向とメーカー本位との違いがわかる要素も盛り込めればより望ましい) ※若者に身近な商品を題材とする。 ※セリングを否定するものではなく２つを対比させることでマーケティングの概念と重要性を理解することが重要。
＜課題設定＞ ①「ニーズ」と「ウォンツ」の事例における販売方法や観点の違いについて説明しなさい。 ②２つの事例におけるそれぞれの考え方、販売方法の良い点・悪い点を挙げなさい。 ※事例に従い、上記の主旨を含むマーケティングの概念とその重要性を理解するのに適切な 課題を設定しなさい。課題が抽象的にならないよう課題（質問）を分割する、考えやすいような事例を設定しなさい。
＜授業形式＞ グループワーク（20人のクラスの場合、5人を1組とする）
＜時間数＞ 180分（2コマ）　（※ケースの内容にしたがい時間配分の調整を行う） 講師によるケース・課題の説明：10分、グループワーク：80分、グループ単位の発表・評価： 60分（15分×4組）、講師解説：30分
＜解答・解説＞ ・ニーズとウォンツや顧客志向とメーカー本位との違いについても言及できるような設定が望ましい。

※参考文献：コトラーのマーケティング・マネジメント　フィリップ・コトラー著　㈱ピアソン・エデュケーション

　ここでは、マーケティングを語る上で、いつもいろいろなところで出てくる逸話があるので紹介したい。

　ある靴メーカーのマーケティング担当者2名（A氏とB氏）が、未開の地にマーケティングリサーチに行きました。その国でリサーチを始めると、なんと！その国で靴を履いている者が誰もいなかったのである。

　そこで、マーケティング担当者のA氏は「誰も靴を履いていないこの国では、靴の需要など全く期待できない。」と考え、すぐに帰途に就く準備を始めてしまった。

　もう一人のマーケティング担当者のB氏は「靴を履くこと自体が広まっていないこの国なら、靴の必要性を説けば、この国の全員が市場になる。こんな有望な市場はない。」と考え、すぐに、靴の利便性を啓蒙するプラン作りに着手した。　さて、あなたなら、どう考えるか？

解答

　答えは、『どちらも、あり』である。A氏は、「確実に収益を上げる新たな市場を探し、注力していく」と考え、B氏は、その反対に「潜在需要に賭け、市場を創造していく」という考えである。成功への道筋は、考える人の視点の持ち方で変わっていき、それは無限にある。

　つまり、マーケティングとは、自社商品を、より多くの顧客に買ってもらう（多く販売する）その成功する確率を上げていく考え方を組み立て、実践していくことである。

　マーケティングの基礎知識については、説明し始めると膨大なものであり、また、書籍も沢山出ている。マーケティング戦略は、その時代・市場により、最適なものは異なっている。

　現代においては、情報技術(IT)を活用したマーケティングが必須となってきており、そして、ビジネスの場は、店舗、通販、ネット（ウェブ）の世界と広がり、モノが簡単に売れなくなっているのが現状である。

　では、インターネット（Web）でマーケティングを行うことについて、どうだろうか？

現在の消費者にとって、モノを買う環境は、従来と大きく変わっている。それは、情報が簡単に手に入るということである。以前だと、何かモノを購入しようとすると店舗へ出かけたり、資料や通販雑誌やチラシを取り寄せたりと、比較するのも大変だった。しかし、インターネットの普及により、あまりにも多くの情報が簡単に入手できる。また、メルマガの登場で登録すると自動で受信することもできる。

　環境は、便利になったが、そのことが、消費者にとって「何が欲しいのか、判らなくなった」という状況も生んでいる。あまりにも多くの情報の氾濫は、消費者にとってのベネフィット（利益）を、見えなくさせてしまっている。結局、供給者（販売者）は、価格競争に走り、顕著な特徴・違いも出せず、デフレ現象は、今も続いている。しかし、この価格競争だけでは、勝ち続けることはできない。

第４章　ＭＭＰ研修の留意点

１．留意点

（１）ＭＭＰ研修の約束事

①ＭＭＰ研修では通常時間を設けて、その時間内でひとつのテーマ会議を行う。企業研修として行う場合は、特にＭＭＰ研修の背景の説明、研修の方向性を示す必要がある。すなわち、ＭＭＰ研修の場合、各自が「このテーマからこのようなことが学び取れる」ということを事前に説明することが大切である。

②研修を行う際は統括リーダーが「研修目的」を示し、例えば「今回Ａチームは、チーム討議を通して、○○について問題解決することを研修目的としている。」というように、取り上げるテーマを個々に解説し、その意味付け、意識付けを事前に行う必要がある。

③ＭＭＰ研修後の課題解決策とまとめシート提出

ＭＭＰ研修では、チーム発表の後にチームの課題とその課題の解決策、及び個人ごとのまとめたシートを提出する（ＭＭＰまとめシート参照）。リーダーは、チームの課題とその課題の解決策は、テーマに外れない解答を求めていることに留意するようあらかじめ注意すること。

（２）リーダーの役割

　リーダーの最大の役割は、コーディネーターとしての役割をよく理解し、グループ討論を実りある討論にし、参加者がそれぞれ何かを得られる場を提供することである。

ポイント　討論のルール

・相手の考えを理解し本音で討論する

・他人の経験に謙虚に学ぶ

・発言は要領よく時間を区切り独演会を避ける

・問題提起から「自分自社ではどうか」を語る

（３）グループ討論の進行をする

　進行のハウツウは次の項に譲り、ここでは注意点を挙げておく。

ポイント　困ったリーダー

×グループのリーダーがしゃべりすぎる

×特定の人の長い発言を止めない

×機械的な進行

×事前学習しないでピント外れ

　中には、討論がマンネリだと感じている参加者がいる場合がある。どんなによい討論をしても参加者に学ぶ意欲が無ければ、学習の成果はない。討議の進め方や結論の出し方が形になじんだワンパターンになっていないか。

ポイント　マンネリ

・マンネリを感じるのは考えていないからで、それ自体が問題である。

・リーダーには「課題発見力」も要求される。

（4）グループ討議の進め方

　常に発言内容を把握し分析をしておく。

　本質のテーマに迫る内容なのか、単なるノウハウなのかを切り分ける。ノウハウの場合は知識として知っておけばよいのであまり討論の必要はない。

　この場合、答えが出ない場合もある。また、途中で意見が変わることもある。これが討論の成果といえる。場合によっては、別の切り口から迫る必要や、別の観点から見ると同じ事を言っている場合もあり、リーダーの技量が試されるところである。

ポイント

・リーダーの役割を果たすためには、スピード決断も必要。討論の論点をどこに絞るかが難しい。

（5）グループ討議のまとめ方

　討論で出た内容と結論を整理する。

ポイント

・用語や概念に寄りかからない。あくまで実践の体験知識を中心に検証する。

（6）発表のまとめ方

　発表者に対して討議の内容をまとめて再確認する。発表者に丸投げは避ける。

2．MMP統括リーダーからグループリーダーへ

・リーダーは、グループをまとめなければならない。

・リーダーは、短期中期長期計画を切り分けてまとめる。

・リーダーは、課題解決の糸口を出していく。

・リーダーは、今現在の出来ない理由を考えるのではなく、出来る方法を考えることが重要。

・リーダーは、全員の潜在的可能性を引き出すことが重要である。

・リーダーは、可能と不可能を人、物、金、情報・商品、販売、販売促進、技術などに分けて整理する必要がある。

・リーダーは、そのテーマからそれないようにまた事務的にならないよう心がける必要がある。

・リーダーは、副産物的な項目は重要度を精査し、別途MMPを設けることも視野に入れる。

・リーダーは、まんべんなく意見を聞く。

・リーダーは、自分も討論の一員であり同時にまとめることを分けて考える。

・リーダーは、次回の懸案事項と進行状況をチェックする。

・統括リーダーは、時間枠内で全体のスムーズな進行を図る。

3．グループリーダーの準備

（1）リーダーの準備

①まず、テーマを確認する。

　資料を見て、テーマや、討議の柱を確認しておく。必要に応じて統括リーダーに確認することも必要である。

②メンバーの確認

　メンバーの業種、立場、年齢経歴などわかる範囲で確認しておく。

③討議の予測

　テーマや報告内容の予測から、メンバーや討議時間を考慮し討議の予測をしてみる。メンバーが抱える課題も予測し頭に入れておく。

（2）報告から

①創意工夫、手法などで気になった点

　自分が気になった点をメモしておく。特に、自社や自分のやり方考え方に

変化を求められるような内容は重要である。

②手法、発想などが予測と異なった点

予測と異なる話が出た場合、これもテーマとして取り上げる価値がある。

③テーマ候補

自分としてテーマにしたい項目を考えておく。

（３）ＭＭＰグループ討論より

①グループが複数の場合は、各グループ討論での一致点と相違点、手法のコラボレーション（連携）を行う。

②討論で出された、今日の気づきと学習で自分のスポットを埋めていく。

③リーダーとしての反省点

（４）ＭＭＰ討論のまとめと反省

①勉強になった点・改善点

②リーダーとして日ごろの実践と勉強が必要である。参加者は理屈でなく体感知識の上に理解をしていく。日頃のあらゆる局面での実務と経験が次への成功の教科書になる。

リーダーとして全般に気をつけることは

・日ごろの実践と勉強が肝要である。

・まとめることと再構築を切り分ける。

・言葉、用語に惑わされない。実践から意味と用語を後付けする。

ＭＭＰシート（販売チャネル調査コース）

	年　　月　　日（　　）
発表者	リーダー
今回のテーマ	

メーカー名　　　　　　商材名　　　　　　　　　契約及び依頼事項

初回面談内容

市場動向

市場規模

市場分析

市場予測

市場成長率

市場シェア

セントラルロケーションテスト（同一条件での複数テスト）

訪問調査

街頭調査

調査範囲

対象者の範囲（ベンチマーク選定）

対象者の選定

5W2H

いつ

どこで

誰が

なぜ

何を

どのように

使用をするかの洗い出しとマーケティング戦略構築

課題点

ＭＭＰシート（販売促進コース）

	年 　　月 　　日 (　　)
発表者	リーダー

今回のテーマ		

メーカー名	商材名	契約及び依頼事項

価値訴求方法：

ＣＲＭ

ネット販売

ＳＥＯ対策

巡回営業　（ラウンダー）

店頭販売応援（フィールドスタッフ）

ＳＰ企画運営　（デモ販売）

インバウンド　（アフター問い合わせ：外部からの電話等）

アウトバウンド　（ユーザーニーズ喚起から購買契約まで：顧客等へかける電話等）

展示会

イベント

セミナー

ＰＯＰ広告

ノベルティ

キャンペーン

戦術検証方法：

ＡＩＤＭＡ理論

ＭＭＰシート（〔　　　　　　　　　　　〕コースまとめ）

	年　　月　　日（　　）
発表者	リーダー
今回のテーマ	
メーカー名　　　　　　商材名　　　　　　　　契約及び依頼事項	

自己紹介自社販路→報告者から学んだこと→今後自社に活かせること

参考になった点

重要な点

自分に不足している点

今後のプロモーションコーディネーター、マネジメントマーケティングコーディ
ネーター・コラボレーション企業

＜ＭＭＰとケーススタディなどの比較表＞

	ＭＭＰ	ＭＭ戦略会議	ケースメソッド	ケーススタディ
概要	超ケースメソッドといわれ、ＭＭ戦略会議の基本を通じてその実例テーマから、実践に裏付けられた課題抽出、問題解決、解決策決定のためのプログラム。 テーマのビジネス上の課題を抽出し、その課題に対して各自が戦略を立てた後に、ディスカッションを行うことで意思決定に必要な「思考プロセス」を体得させていくとともに、その「解決策を選択」する。	ＭＭ戦略会議はマネジメントマーケティング会議の略。マネジメントマーケティングとは、「経営ビジョン、経営計画を含むあらゆる事業活動においてマーケティングは常に先行し、新たなマネジメント、新規事業を創出することである」。マネジメントマーケティングは実行し、市場に適応することのできる実践の理論。 ＭＭ戦略会議は実践テーマにおける課題抽出、解決方法の選択、今ある課題を今解決するという基本概念から生身の経営者と対峙しながら、今後の方針を決定し、実行する会議体である。	ケースのビジネス上の課題に対して各自が戦略を立てた後にディスカッションを行うことで意思決定に必要な「思考プロセスを体得させていく」学習方法。具体的問題解決は選択しない。 米国のＭＢＡなどの「研究型学習」手法として取り入れられている。	事例研究とも呼ばれ、事例を素材に分析し、原理、原則を発見する研究手法。 事例の要因分析を行うことで情報の共有化を図る。
リーダーの役割	テーマの概要と設問諸関係を把握し、メンバーの発言を促しながら課題抽出を行い、問題解決に導く。	テーマの概要と設問諸関係を把握し、メンバーの発言を促しながら課題抽出を行い、問題解決を経営者と共に思考し解決に導く。	ケースの概要と設問諸関係を把握し、メンバーの発言を促しながらポイントを要領よくまとめる。	ケースを詳しく分析し、法則性を導き引き出すように指導、助言する。
参加意識	参加者の発言に受容的、共感的対応。 １チームは原則リーダー１名、メンバー５名以上、１０名以内で行われる。	それぞれのメリット、デメリットを説明し問題解決を行う。 １チームは原則リーダー１名、メンバー５名以上、８名以内で行われる。	参加者の発言に受容的、共感的対応。 １チームは原則リーダー１名、メンバー５名以上、８名以内で行われるケースが多い。	シミュレーションで全員の参加意識を高めながら課題に取り組む。 情報の共有化を図る。
効果	問題解決と問題思考能力のプロセスを学ぶばかりでなく、課題抽出、問題解決の実践を学ぶことができる。	経営計画におけるマーケティングの計画が全ての諸計画に先行して行われる。	問題解決と問題思考能力のプロセスを学ぶことができる。	ケースの内容により自分の強み、弱みが分かり、課題が発見される。

※参考文献

・企業審査ハンドブック　久保田政純編著　日本経済新聞社

・東京商工リサーチのホームページ

・日本郵政公社のホームページ

・セールスレップの仕組み　江尻　弘・芦田　弘・中村　稔著　中央経済社

・企画書の書き方が面白いほどわかる本　高橋　誠著　中経出版社

・すごい企画書の書き方　岡部　泉・大橋一彦・藤森達夫著　中経出版社

・売れる企画書のつくり方　竹内　謙礼著　日本実業出版社

・地球環境にやさしくなれる本　（財）省エネルギーセンター監修　ＰＨＰ研究所編

・品質管理の基本　内田　治著　日本経済新聞社

・生産入門　谷津　進著　日本経済新聞社

・MBAマネジメント・ブック　株式会社グロービス編　ダイヤモンド社

・企業経営入門　遠藤　功著　日経文庫

・計数管理入門　片桐　正　かんき出版

・販売計画の立て方　小山政彦　岩崎剛幸　実業之

【編著者】

小塩稲之

日本販売促進協会会長、(一社)日本販路コーディネータ協会理事長。

高等学校理事、商工会議所経営相談員、商工会シニアアドバイザーなど、

地方公共団体の商品開発プロデューサーなどを歴任。

「商品開発学」「観光で見る名産・名物料理　楽しみながら学ぶ旅」

「コトづくり　モノづくり　場おこし学」など、著書多数。

【執筆】

大山充

(一社)日本販路コーディネータ協会副理事長

日本販売促進協会・プロモーションコーディネーター

【執筆協力】

野々村真生

(一社)日本販路コーディネータ協会・販路コーディネータ1級

基礎から学ぶ　プロモーションプランニング

2024年　4月1日　初版発行

編著者——　小塩　稲之／大山　充
発行所——　一般社団法人日本販路コーディネータ協会
　　　　　　ＭＭＰコミュニケーション
〒115-0055　東京都北区赤羽西 1-22-15　大亜コーポ 303
　　　　　　TEL 03（5948）6581
　　　　　　https://www.jmmp.jp/mmpc/

ISBN978-4-9913355-1-8
落丁・乱丁はおとりかえします。
PRINTED IN JAPAN